AF344155

6ᵉ mille

TRISTAN BERNARD

THÉATRE
SANS
DIRECTEUR

ALBIN MICHEL, ÉDITEUR
22, Rue Huyghens - PARIS (14ᵉ)

THÉATRE
SANS DIRECTEUR

TRISTAN BERNARD

THÉATRE
SANS
DIRECTEUR

ALBIN MICHEL, ÉDITEUR
22, Rue Huyghens - PARIS (14ᵉ)

L'Ecole du Piston

COMÉDIE EN UN ACTE

*La pièce a été jouée pour la première fois
au Théâtre Antoine en juin 1916.*

PERSONNAGES

ROBERT SANTEUIL.
BARRUCHON, sous-secrétaire aux Tabacs.
LE GÉNÉRAL VARBEUF.
ADRIEN.
HENRI BASSOU.
BAGONET.
EUGÈNE.
UN ADJUDANT.
UN CAPITAINE.
Mme PRUNEAU.
LUCIE RUMELLE.

La pièce a été jouée à la création par MM. LOUVIGNY,
MONDOS, GABIN, PALAU, SAVOY, DELIVRY, VALLÉ,
CAILLOUX, MÉRET, et par Mlles MARGUERITE DEVAL
et JEANNE FUSIER.

L'Ecole du Piston

La scène est à Bordeaux, en septembre-octobre 1914, dans le vestibule d'un hôtel confortable. Au lever du rideau, Mme Pruneau, la patronne de l'hôtel (léger accent bordelais) est en conversation avec un adjudant du 184ᵉ de ligne.

SCÈNE PREMIÈRE

L'ADJUDANT, MADAME PRUNEAU, ADRIEN

L'ADJUDANT

Madame Pruneau, on m'a dit que vous aviez à me parler. Vous voyez que je n'ai pas été long. Seulement, il faut que j'aille chez le commandant; il m'attend. Le patron est donc mobilisé que je ne l'aperçois pas?

MADAME PRUNEAU

Je vous crois! Et dès le premier jour encore! Il est près de Dax. Il garde une voie de chemin de fer.

L'ADJUDANT

Quel grade?

MADAME PRUNEAU

Deuxième classe.

L'ADJUDANT

Mais il n'est pas trop malheureux?

MADAME PRUNEAU

Oh! il s'arrange.

L'ADJUDANT

Je suis tranquille sur son compte; je me doute qu'il s'arrange.

MADAME PRUNEAU

Et puis, il est tombé sur un bon sous-officier de sa connaissance : le cocher de notre omnibus.

L'ADJUDANT

Ah! c'est qu'il est parti aussi?

MADAME PRUNEAU

Et l'omnibus est parti d'un autre côté et les chevaux encore d'un autre.

L'ADJUDANT

Tous vos garçons à droite et à gauche?

MADAME PRUNEAU

Mais oui, Achille, zouave, Frédéric, chasseur, et Justinien dans l'intendance. C'est même rapport à ça que je vous ai fait venir. J'attends un autre garçon, un petit Espagnol; avec mes trois bonnes, il fera l'affaire. Seulement, il n'est pas encore arrivé, et, en attendant, j'emploie le neveu de Justinien qui est bleu justement dans votre régiment. C'est un petit gars qui vient des environs de Mont-de-Marsan, de la campagne. Il n'est pas débrouillard encore.

L'ADJUDANT

Et qu'est-ce qu'il y a pour votre service?

MADAME PRUNEAU

Ils viennent tout juste, ceux de sa classe, d'arriver au quartier. Pendant qu'on les habille, lui, comme il est tout habillé déjà — je l'ai équipé — je voudrais que vous me le laissiez deux, trois jours, jusqu'à l'arrivée d'un remplaçant.

L'ADJUDANT

C'est qu'on en a besoin pour la théorie, la première théorie qu'on fait aux bleus : les marques extérieures de respect.

MADAME PRUNEAU

Oh! mais je connais ça aussi bien que les instructeurs. Ce serait malheureux de n'avoir fréquenté que des militaires dans sa vie pour ne pas connaître les grades. (*Arrive Adrien en costume de soldat*). Adrien, amène-toi un peu par là. Eh bien, si tu prenais la position militaire, mon petit? Tu as ton supérieur devant toi!

L'ADJUDANT

C'est vous le neveu de Justinien?

ADRIEN

Oui.. oui...

MADAME PRUNEAU, *le reprenant*

Oui, mon adjudant! Tu dois lui dire « mon adjudant ».

L'ADJUDANT

Oui, il pourrait me dire « adjudant », ça suffirait. Le règlement c'est « adjudant ». L'usage est « mon adjudant ».

MADAME PRUNEAU

Je veux qu'il ait de l'usage. Eh bien, c'est entendu, vous me le laissez trois, quatre jours?

L'ADJUDANT

Je vous le laisserai le plus longtemps que je pourrai. Trop heureux de vous être agréable.

MADAME PRUNEAU

Au dîner aussi, bien entendu!

L'ADJUDANT

Oui, madame Pruneau.

MADAME PRUNEAU

Et quand ça vous fait plaisir de venir déjeuner, vous savez, le couvert est toujours mis à ma table...

L'ADJUDANT

Merci, madame Pruneau.

SCÈNE II

Madame PRUNEAU, ADRIEN, *puis* ROBERT SANTEUIL, *suivi de* LUCIE RUMELLE

MADAME PRUNEAU, *à Adrien*

Es-tu lavé au moins, Adrien?

ADRIEN

Si je suis lavé, patronne? Il y a longtemps de ça. (*A lui-même, à mi-voix.*) Il y a au moins trois jours!
(*Robert et Lucie entrent.*)

ROBERT

Pardon, Madame, est-ce que M. Henri Bassou, du *Grand Courrier*, est à l'hôtel?

MADAME PRUNEAU

Oui, Monsieur. Il est à l'hôtel depuis le commencement de septembre. C'est lui qui s'occupe de l'édition de Bordeaux.

ROBERT

Voudriez-vous le faire prévenir que son ami, monsieur Robert Santeuil, veut lui parler?

MADAME PRUNEAU

Ah! c'est qu'il n'est pas à l'hôtel du moment, M. Bassou...

ROBERT, *impatienté, à Lucie*

Il n'est pas à l'hôtel pour le moment.

LUCIE

Oh! c'est ennuyeux! c'est ennuyeux!

ROBERT

Est-ce qu'il sera longtemps absent, Madame?

MADAME PRUNEAU

Je ne crois pas, monsieur. Il est parti se faire raser, ici, tout à côté. Il doit revenir chercher son courrier vers onze heures.

LUCIE

Il n'est pas loin de onze heures.

MADAME PRUNEAU

Il les est.

ROBERT

Alors nous allons faire une petite course dans le quartier et nous revenons.

LUCIE, *à Robert*

Donnez votre nom, en tout cas.

ROBERT

Voulez-vous lui dire que son ami, Robert Santeuil, homme de lettres, va venir le voir.

MADAME PRUNEAU

Oh! monsieur, je vous connais bien, je vous connais parfaitement.

LUCIE

Elle vous connaît?

ROBERT, *d'un ton vague et satisfait*

Oui, oui. (*A Mme Pruneau.*) Ecrivez alors, s'il vous plaît.

MADAME PRUNEAU

Oh! je m'en rappellerai bien : M. Albert Danteuil.

ROBERT

Non, Robert Santeuil. Ecrivez, je vous prie, ce sera plus sûr.
(*Ils sortent. Adrien entre.*)

SCÈNE III

MADAME PRUNEAU, ADRIEN

MADAME PRUNEAU

Adrien, tiens, voilà deux francs de pourboire qu'on a laissés pour toi ce matin.

ADRIEN

Merci, merci.

MADAME PRUNEAU

Merci qui?

ADRIEN

Merci, Madame.

MADAME PRUNEAU, *lui montrant sa manche*

Il y a trois galons là-dessus.

ADRIEN

Merci, capitaine.

MADAME PRUNEAU

Mon!

ADRIEN

Mon?

MADAME PRUNEAU

Mon capitaine.

ADRIEN

Mon capitaine.

MADAME PRUNEAU

A la bonne heure!

(*Entre Henri Bassou.*)

SCÈNE IV

MADAME PRUNEAU, HENRI BASSOU, *puis* ADRIEN

HENRI

Bonjour, Madame. Il y a des lettres pour moi?

MADAME PRUNEAU

Oui, monsieur Bassou. Voici également une carte, ou plutôt un morceau de papier où j'ai écrit le nom d'un monsieur qui va venir vous voir : Robert Santeuil.

HENRI

Ah! Robert Santeuil est à Bordeaux? Eh bien, ça vous fait une illustration de plus dans vos murs, où l'on en compte déjà un certain nombre.

MADAME PRUNEAU

Ce monsieur paraissait bien ennuyé. Il était avec une jeune demoiselle.

HENRI

Vous ne savez pas qui c'est?

MADAME PRUNEAU

Nou, je ne la connais pas. Pourtant, je crois que ses parents sont de Bordeaux. C'est une demoiselle très bien.

HENRI

Tenez, madame Pruneau, voici une dépêche à porter. Il y a environ vingt-trois mots. Tenez! Le reste sera pour le garçon.

MADAME PRUNEAU

Adrien!

HENRI

Attendez un peu pour faire porter cette dépêche que j'aie dépouillé mon courrier; j'en aurai peut-être une autre à envoyer.
(*Entre Adrien.*)

MADAME PRUNEAU, *à Adrien*

Tiens, Adrien, voilà de l'argent pour cette dépêche; c'est plus que ça coûtera; le reste est pour toi.

ADRIEN

Merci, Madame.

MADAME PRUNEAU, *lui montrant sa manche*

J'ai là-dessus un large galon en biais.

ADRIEN

Merci, mon sergent.

MADAME PRUNEAU

Pas mon.

ADRIEN, *sans comprendre*

Pas mon?

MADAME PRUNEAU

Au sergent, pas « mon ». C'est un sous-officier. Au lieutenant, au capitaine, « mon ». C'est des officiers. (*Tendant son autre manche.*) Et maintenant, j'ai sur cette manche cinq galons dont deux d'argent et trois galons d'or. Qu'est-ce que je suis?

ADRIEN

Trois galons d'or... Voyons, vous m'avez dit ça hier matin... Trois galons d'or, c'est capitaine d'infanterie; deux d'argent, lieutenant de cavalerie... Vous êtes capitaine d'infanterie et lieutenant de cavalerie.

MADAME PRUNEAU

Mais non. Je les ai tous les cinq là. Lieutenant-colonel! Je suis lieutenant-colonel. Tu me dis : « Mon colonel ». Cinq galons d'or, je serai colonel... Pas de galons et deux étoiles, qu'est-ce que je serais? Général de brigade, tu entends? deux étoiles. Et si j'avais trois étoiles? Général de division!

HENRI

Vous pouvez envoyer la dépêche.

MADAME PRUNEAU

Va porter la dépêche.
> (*En sortant, Adrien se croise dans la porte tournante avec Robert Santeuil et Lucie Rumelle qui entrent.*)

MADAME PRUNEAU, *à Henri Bassou*

Tenez, voilà justement les amis qui vous cherchent.
(Elle sort).

SCÈNE V

ROBERT SANTEUIL, LUCIE RUMELLE, HENRI BASSOU

HENRI

Santeuil! Comment vas-tu?

ROBERT

Bonjour, mon cher ami. Je suis content de te voir!
(*Présentant.*) Mlle Lucie Rumelle. (*A mi-voix.*) Mademoiselle est ma fiancée. Je ne le dis pas encore très
haut parce que ce n'est pas arrangé avec ses parents...
C'est pour ça que nous sommes très, très ennuyés.

LUCIE

Très, très ennuyés. (*Hardiment.*) Et c'est pour ça
que nous comptons sur vous.

HENRI

Vous comptez sur moi?

ROBERT

Eh bien, oui! nous comptons sur toi. Je vais t'expliquer ça... (*Ils s'assoient tous les trois.*) Voici : je suis
de la classe 1903. J'ai trente-deux ans.

HENRI, *qui tient aussi à expliquer, comme tout le monde,*
sa situation militaire

Moi, je suis de la classe 97. Je suis en sursis
d'appel.

ROBERT

Moi, j'étais réformé. Je me suis engagé tout de suite.
Je vais être incorporé d'ici très peu de jours et l'on
m'instruira, car je n'ai jamais été militaire... Or, il se

trouve qu'au mois de juin dernier, j'ai fait la connaissance de Mlle Lucie Rumelle...

LUCIE

Qui habitait chez une de ses tantes, à Deauville.

ROBERT

Nous avons décidé que nous nous épouserions.

LUCIE

Seulement, Mlle Rumelle est mineure; elle a besoin
du consentement de ses parents.

ROBERT

Or, je connais à peine ses parents. Pour faire connaissance, pour être agréé...

LUCIE

Robert aurait besoin de séjourner quelque temps à
Bordeaux, où habitent mes parents.

ROBERT

La bonne combinaison, c'était de s'engager dans un
régiment de Bordeaux, soit au 184e, soit au 192e. Malheureusement, dans ces deux régiments, on ne reçoit
plus d'engagements, au 184e depuis longtemps déjà et
au 192e depuis huit jours. Alors je voudrais, bien que
le régiment soit plein, qu'on me mette au 192e.

HENRI

Il ne me semble pas que ça présente de grandes difficultés...

ROBERT, *hochant la tête*

Ce n'est pas commode.

LUCIE, *même mouvement*

Ce n'est pas facile du tout.

ROBERT

A entendre les gens du recrutement, c'est impossible.

LUCIE

Alors, mon ami Robert a pensé....

ROBERT

Que, comme tu étais tout-puissant...

HENRI

Oh! tout-puissant, tout-puissant!

ROBERT

Enfin, quoi? tu ne veux pas me rendre service?

HENRI

Il n'est pas question de ça; je ferai tout, tout, pour t'être agréable, tu le sais bien, voyons. D'abord à cause de l'ami que tu es, puis à cause de l'écrivain de théâtre pour qui j'ai... plus que de l'estime.

LUCIE

Merci, Monsieur.

HENRI

C'est vrai, j'aimais déjà beaucoup Robert, et depuis que j'ai vu sa pièce, la saison dernière : « *Les Injustices de l'amour* »... Elle a fait près de cent représentations, ta pièce?

ROBERT

Cent vingt!

HENRI, *admiratif*

Cent vingt!

ROBERT

Ça s'est arrêté à l'été.

HENRI

C'est une pièce délicieuse... Enfin, je vais travailler pour toi, va!

LUCIE

Oh! merci, Monsieur!

HENRI, *après réflexion*

Moi personnellement, je ne peux pas du tout agir au-près du ministère de la Guerre... Non...

ROBERT, *déçu*

Oh! pourquoi?

HENRI

C'est parce qu'au journal nous sommes un peu en délicatesse avec les gens du ministère. Alors... le patron de mon journal a décidé que personne ne demanderait rien au ministère. Et si je demandais quelque chose, je pourrais risquer ma situation au journal.

ROBERT, *arrangeant*

Tu en trouverais facilement une autre ailleurs.

HENRI

Oui, mais, tout de même, ne me demande pas de risquer ma situation. (*Songeur.*) Seulement, ce que je ne peux pas faire, moi, je peux le faire faire par d'autres... et par d'autres qui ne sont pas loin d'ici.

ROBERT

Par qui?

HENRI

Je vais te présenter à mon ami Bagonet.

ROBERT

Bagonet?

HENRI

Oui, Bagonet habite l'hôtel depuis le commencement de septembre. Il est chef de cabinet de Barruchon, le sous-secrétaire d'Etat aux Tabacs. Son patron, Barruchon, qui habite également l'hôtel, est au mieux avec le ministre de la Guerre. Ils ont lié partie : ils sont entrés dans le cabinet ensemble, ils en sortiront ensemble, ils y rentreront ensemble. Tu vas me remettre une petite note. Tu m'inscriras là-dessus ton âge, la date de ton engagement, enfin tous les renseignements utiles. Tiens, ça ne va pas être long ! Voilà Bagonet qui vient là-bas. Tu as de la veine ! Tout va bien s'arranger. (*A Bagonet qui entre.*) Bonjour, cher ami, permettez-moi de vous présenter Robert Santeuil. Son nom seul me dispense...

SCÈNE VI

LES MÊMES, BAGONET, *puis* ADRIEN, UN CAPITAINE

BAGONET

Oui, j'ai souvent applaudi Monsieur. Nous lui devons des soirées charmantes.

HENRI

Vous avez vu sa dernière pièce?

BAGONET

Je vous crois! Je n'en manque jamais une... *Les Caprices de l'amour?* C'est une pièce délicieuse.

HENRI

Voici Mlle Lucie Rumelle. (*A Robert.*) On peut lui dire?...

ROBERT

Il le faut.

HENRI

Mlle Lucie Rumelle, et mon ami Robert Santeuil vont se fiancer, et les parents de Mademoiselle habitent Bordeaux. Pour être agréé de la famille, il y a un intérêt primordial à ce que mon ami Robert soit à Bordeaux. Or, nous touchons au point délicat... (*A Robert.*) Explique!

ROBERT

Je suis de la classe 1903!...

BAGONET

Ah! vous êtes un enfant! Moi, je suis de la classe 96, une des dernières classes territoriales... Je suis encore ici pour quelque temps, mais (*avec un air grave*) je ne serai pas long à partir. Le Ministre tient absolument à me garder... Je finirai bien par obtenir qu'il me laisse m'en aller comme les autres... Mais de quoi s'agit-il?

ROBERT

J'ai été réformé et je me suis engagé.

BAGONET

C'est bien cela, c'est très bien!

ROBERT

Il me semble que pour reconnaître ce geste, on devrait avoir pour les engagés quelques égards. Or, je ne peux pas arriver à me faire incorporer au 192e, à Bordeaux.

LUCIE

Oui, M. Santeuil voudrait être à Bordeaux pour faire plus ample connaissance avec ma famille.

BAGONET

Je vois, je vois!... Et de quelle utilité puis-je être pour vous en la circonstance?

ROBERT

Je voudrais être recommandé au ministère de la Guerre.

BAGONET

Bien! Bien! (*Après une hésitation.*) Je vous dirai que ça n'est pas très, très commode. Je puis vous citer un précédent qui est assez impressionnant : le fils du frère de lait d'un très haut personnage était dans les chasseurs à cheval... Il a voulu aller dans l'artillerie. Ç'a été très, très dur.

ROBERT

Oui, je vois. Mais le cas que vous me citez est peut-être plus spécial, parce que le monsieur en question voulait passer d'une arme dans une autre. Mais moi, je suis désigné pour l'infanterie. Je demande à entrer au 192e d'infanterie, à Bordeaux. (*Insistant.*) Je ne demande pas à changer d'arme. Je voudrais seulement être à Bordeaux.

BAGONET

Nous allons tâcher d'arranger ça... Voulez-vous me préparer une petite note?

HENRI

C'est ce que j'avais dit à Sauteuil. Je lui avais demandé une petite note; il va vous la préparer pour vous.

BAGONET

Préparez-la-moi, et vous la remettrez à Henri Bassou, qui me la donnera. Je la donnerai au Ministre... Il y aurait peut-être encore quelque chose de mieux...

ROBERT

De mieux?

BAGONET

Oui. Je pourrais vous présenter au Ministre lui-même. Il aime beaucoup les hommes de lettres.

LUCIE

Oh! Monsieur, vous seriez gentil!

BAGONET

Ecoutez!... Ce n'est pas la peine d'aller au ministère. Le ministre va venir ici tout à l'heure. Je vous présenterai à lui.

LUCIE

Oh! monsieur, vous êtes notre sauveur!

BAGONET

Seulement, une fois en présence du ministre, je vais vous dire... Il faudrait qu'il vous donnât un mot pour la Guerre, un mot sur sa carte... parce qu'il vous promettra bien de s'en occuper...

ROBERT

Mais il ne tient pas toujours ses promesses...

BAGONET

Ne me faites pas dire cela... Il tient toujours ses promesses... Mais il en fait beaucoup... Alors, j'aimerais mieux qu'il vous remît un mot. Vous allez me préparer cette petite note. (*A Adrien qui entre.*) Vous avez du papier à lettres?

ADRIEN

Il y en a par là.

BAGONET, *à Robert*

Eh bien, venez donc m'écrire ça dans le salon de lecture.
>(*Entre un capitaine.*)

LE CAPITAINE, *à Adrien*

Est-ce qu'on a reçu une dépêche du général Varbeuf?

ADRIEN, *prenant la position militaire*

Oui, mon... (*il compte les galons sur la manche en inclinant la tête à chaque galon. Triomphalement*) : capitaine!

LE CAPITAINE

Alors, on a préparé la chambre du général... Et une chambre pour moi?

ADRIEN

Je crois que oui, monsieur... (*Se reprenant*) mon capitaine.

LE CAPITAINE

Alors, je vais chercher le général.

(Il sort.)

BAGONET, *à Adrien*

C'est le général Varbeuf qui va descendre ici?

ADRIEN

Oui, le général Varbeuf. C'est le nom qu'il y avait sur la dépêche.

BAGONET, *à Robert*

Eh bien, nous avons de la chance! C'est précisément le général Varbeuf qui prend le commandement de la subdivision. Il va avoir sous sa coupe le régiment où vous voulez entrer, il pourra vous y faire inscrire. Je vais au-devant de lui, et lui dirai qui vous êtes.

(Il sort pendant qu'Henri entre au salon de lecture.)

LUCIE, *regardant à la cantonade, à Robert*

Regardez-le. Il est en train de parler au général. Il est bien gentil, ce M. Bagonet. Et le général l'écoute bien aimablement. Il est gentil aussi, ce général...

HENRI

Il paraît qu'il n'est pas commode.

LUCIE

J'espère que vous allez lui parler énergiquement...

HENRI

Soyez tranquille...

LUCIE

Je vous laisse avec lui. De l'énergie!

HENRI, *pendant qu'elle entre au salon de lecture*

Vous pouvez y compter.

> (*Entrent le général, puis Adrien par un autre côté.*)

SCÈNE VII

LE GÉNÉRAL, ADRIEN *sort l'instant d'après*,
ROBERT SANTEUIL

LE GÉNÉRAL, à *Adrien*

C'est par ici, ma chambre? (*Adrien ne répond rien, occupé à compter les étoiles sur la manche du général.*) C'est par ici, ma chambre?

ADRIEN

Oui, mon général... de brigade.

(Il sort.)

LE GÉNÉRAL

Qu'est-ce que c'est que cet empoté? (Il regarde autour de lui et aperçoit Robert.) C'est monsieur, sans doute, monsieur... enfin, l'auteur dramatique... l'ami de monsieur... de monsieur là-bas qui m'a parlé de vous... Alors vous êtes écrivain?

ROBERT

Oui, mon général...

LE GÉNÉRAL

Je sais, je sais... Vous avez beaucoup de talent... Comment déjà votre nom?

ROBERT

Robert Santeuil.

LE GÉNÉRAL

Je connais, je connais... Qu'est-ce qu'il a dit, votre ami? Que vous vouliez aller...

ROBERT

Au 192ᵉ, mon général.

LE GÉNÉRAL

Vous avez été au recrutement?

ROBERT

Oui, mon général.

LE GÉNÉRAL

On vous a donné une affectation?

ROBERT

Non, mon général.

LE GÉNÉRAL

Qu'est-ce qu'on vous a dit?

ROBERT

Que j'irais probablement au 23e à Rochefort, parce qu'il n'y avait plus de place au 192e.

LE GÉNÉRAL

Eh bien, vous y serez très bien au 23e.

ROBERT

Oui, mon général!... Oh! oui, mon général! (*Après une hésitation.*) Si j'avais demandé Bordeaux, c'est que les parents de ma fiancée y habitent...

LE GÉNÉRAL

Ils viendront vous voir à Rochefort.

ROBERT

Oui, mon général. C'est-à-dire... mon général... s'ils me connaissaient mieux, ils viendraient me voir... mais ils ne me connaissent pas beaucoup...

LE GÉNÉRAL

Alors ils viendront vous voir pour faire connaissance.

ROBERT

Certainement, mon général.

LE GÉNÉRAL

Il faut aller au 23ᵉ, mon ami.

ROBERT

Oui, mon général... Seulement, je me permets d'ajouter que je suis engagé volontaire...

LE GÉNÉRAL

C'est très bien!

ROBERT

Merci, mon général... Comme engagé volontaire, on m'avait dit... je croyais... enfin, c'était un renseignement que l'on m'avait donné... Il paraîtrait que l'on peut choisir son régiment...

LE GÉNÉRAL

Alors, choisissez le 23e et tout est dit.

ROBERT

Oui, mon général.

LE GÉNÉRAL

Au revoir, mon ami. Je vous reverrai au 23e.

ROBERT

Merci, mon général...

> *(Sort le général. Lucie et Henri sortent du salon quelques instants après.)*

SCÈNE VIII

HENRI BASSOU, ROBERT SANTEUIL
Lucie RUMELLE, *puis* BAGONET

LUCIE

Eh bien?

ROBERT

Eh bien, il a été très gentil.

LUCIE

Et vous êtes au 192e?

ROBERT

... Pas encore.

LUCIE

Enfin, il va s'en occuper?

ROBERT

Il ne me l'a pas dit formellement.

HENRI

Enfin, il te l'a dit?

ROBERT

Oui... C'est-à-dire...

LUCIE

Il ne vous l'a pas dit?

ROBERT

Si, si, mais je crois que je ferais bien de voir le ministre, selon le conseil de M. Bagonet.

HENRI

Oh! le général suffit!

ROBERT

Ça ne fait rien, ça portera aussi.

BAGONET, *entrant*

Voici le ministre. Ça va très bien. Il n'est pas trop pressé de déjeuner, vous allez avoir un bon petit moment pour causer avec lui.

LUCIE

Oh! comme vous êtes gentil, monsieur!

ROBERT

Comme je vous remercie.

HENRI

Moi, je m'en vais, il ne doit pas être content de moi. Je lui avais promis de faire passer un article qui n'a pas encore paru...   *(Il sort.)*

LUCIE

Je suis émue, vous savez! Je suis sûre que vous êtes ému.

ROBERT

Mais non, mais non, j'ai déjà vu des ministres dans ma vie...

LUCIE

Je suis très émue...

> (*Entre le ministre. C'est un homme de quarante-
> cinq ans environ, barbe grise, silhouette assez
> imposante.*)

SCÈNE IX

LES MÊMES, LE MINISTRE

BAGONET

Monsieur le Ministre, je tiens à vous présenter Robert
Santeuil, que vous connaissez certainement.

LE MINISTRE

Si je connais! L'auteur des *Hasards de l'amour?*

ROBERT, *ne voulant pas rectifier*

Oui, oui, monsieur le Ministre. Voilà Mlle Lucie
Rumelle, avec qui je suis fiancé... Mais ce n'est pas
encore tout à fait officiel.

LE MINISTRE, *s'inclinant*

Mademoiselle...

ROBERT

Monsieur le Ministre...

LE MINISTRE

Monsieur Santeuil, nous vous devons des soirées fort
agréables. Vous savez, il y a longtemps que je vous
admire. (*A Bagonet.*) Bagonet!

BAGONET

Oui, monsieur le Ministre.

(*Ils parlent ensemble tout bas.*)

LUCIE, à *Robert*

Il vous admire.

ROBERT

Ça ne veut rien dire.

LUCIE

Comment? ça ne veut rien dire?

ROBERT

C'est un homme bien élevé.
(*Le ministre revient de leur côté.*)

LE MINISTRE

Ah! Monsieur Santeuil, vous avez fait de bien, bien jolies choses. Ma femme est une de vos admiratrices. Elle ne fait que parler de vous. Comment donc s'appelle-t-elle, cette pièce que nous avons vue? Je ne parle pas de votre pièce *Les Hasards de l'amour*. Voyons, c'était il y a trois ou quatre ans? Une pièce si charmante... que nous avons été voir un samedi soir... Je crois même que c'était à la première... Un nom de femme... Henriette. Oui, oui, j'avais remarqué le nom parce que c'est celui de ma femme.

ROBERT, *gêné*

Henriette, Monsieur le Ministre, ce n'est pas de moi; c'est de mon confrère Aubin.

LE MINISTRE

Comment, ce n'est pas de vous, *Henriette?* Ce n'est pas de vous? Vous m'étonnez!

ROBERT

Ce n'est pas de moi, monsieur le Ministre.

LE MINISTRE

Ce n'est pas de vous? Ce n'était pas mal, vous savez... C'est égal, monsieur Santeuil, vous avez bien du talent. Et alors, vous disiez que mademoiselle est votre fiancée?

ROBERT

Oui, monsieur le Ministre. Et voilà le point délicat...
J'étais réformé, mais je me suis engagé.

LE MINISTRE

C'est très bien.

ROBERT

Oui. J'étais de la classe 1903, et alors je me suis
engagé. Je voulais, comme les engagés, choisir mon régiment.

LE MINISTRE

C'est un droit, c'est un droit.

ROBERT

Seulement, monsieur le Ministre, on m'a dit, ces jours-
ci, qu'au 192ᵉ, qui est à Bordeaux, il n'y avait plus de
place.

LUCIE

Et nous étions désolés, parce que mes parents habitent
Bordeaux, et comme M. Santeuil voulait, pour être agréé
de ma famille, faire plus ample connaissance...

LE MINISTRE

Oui, oui, et qu'est-ce que vous désirez?

ROBERT

Je voudrais aller au 192ᵉ de ligne.

LE MINISTRE

Ah! oui. Eh bien, c'est une affaire de recrutement, cela.

ROBERT

Oui, monsieur le Ministre, je le sais. Seulement, le recrutement dit qu'il n'y a plus de place dans ce régiment. Alors, je crois que si j'avais une puissante recommandation pour le ministre de la Guerre...

LE MINISTRE

Oui, oui. Il faudra voir ça. Il faudra voir ça... Vous travaillez beaucoup en ce moment, monsieur Santeuil?

ROBERT

Heu! monsieur le Ministre. Pas beaucoup depuis la guerre.

LE MINISTRE

Et en temps ordinaire, vous travaillez beaucoup? Comment travaillez-vous : le matin, le soir?

ROBERT

Le matin... et puis le soir aussi. Enfin, je n'ai pas d'heures fixes.

LE MINISTRE

Moi, je travaille surtout le matin. Ah! j'aime beaucoup le théâtre, vous savez. Je n'en ai jamais fait, mais

j'ai joué la comédie étant jeune. J'aimais beaucoup
jouer, entre camarades. Ce n'était pas fameux, fameux,
mais enfin on s'amusait. Alors, qu'est-ce que vous désirez?

ROBERT

Voici : si j'avais un petit mot pour le ministre de la
Guerre...

LE MINISTRE

Eh bien, voyons... je lui en parlerai à la prochaine
occasion.

LUCIE, *courageusement*

Monsieur le Ministre, je vais vous demander une
grande faveur!

LE MINISTRE

Dites toujours.

LUCIE

Un petit mot sur votre carte pour le ministre de la
Guerre...

LE MINISTRE

Ah! Ah! Un petit mot sur ma carte? Vous y
tenez beaucoup?

LUCIE

Beaucoup, monsieur le Ministre!

LE MINISTRE

On ne peut rien refuser à une aussi jolie jeune fille. (*Il sort un portefeuille pour prendre une carte, puis, brusquement, le remet dans sa poche.*) Je ferai mieux : je dîne ce soir avec lui et je vais lui parler de votre affaire. Mais il me faut une petite note. Vous allez me faire une petite note.

ROBERT, *déçu*

Oui, monsieur le Ministre.

LE MINISTRE

Vous la remettrez à mon chef de cabinet, Bagonet. (*Appelant.*) Bagonet?

BAGONET

Monsieur le Ministre?

LE MINISTRE

Tenez, je vais vous présenter à Bagonet, mon chef de cabinet.

ROBERT

Monsieur le Ministre, je le connais. C'est lui qui m'a présenté à vous tout à l'heure.

LE MINISTRE

Ah! bien, bien. (*A Bagonet.*) Dites donc, Bagonet, venez un peu par ici. M. Robert Santeuil va vous remettre une petite note. Surtout ne manquez pas de me rappeler ça tout à l'heure, parce que je dois en parler au ministre de la Guerre. (*A Robert.*) Ça sera fait dès ce soir, monsieur Santeuil.

LUCIE

Et vous pensez, monsieur le Ministre, qu'on lui donnera satisfaction?

LE MINISTRE

Je ferai tout ce qui sera en mon pouvoir.

LUCIE

Et votre pouvoir est grand, monsieur le Ministre!

LE MINISTRE

Vous savez, il est possible que le ministre m'écoute, mais je puis vous citer un exemple...

LUCIE

Le fils du frère de lait d'un haut personnage?

LE MINISTRE

Qui est-ce ça?

LUCIE

Vous ne savez pas?

LE MINISTRE

Non. Mais le beau-frère d'un de nos ambassadeurs. Il était dans le train des équipages. Il voulait obtenir une mutation. Le président s'en est occupé lui-même, mais on n'a pas encore obtenu... (*A Bagonet.*) Vous venez déjeuner, Bagonet? (*A Robert.*) Monsieur Santeuil, je suis très heureux d'avoir fait votre connaissance. (*A Lucie.*) Mademoiselle, je suis charmé. (*A Bagonet.*) Venez déjeuner, Bagonet.

> (*Ils sortent. Robert et Lucie sont accablés. Ils s'assoient tristement.*)

SCÈNE X

Lucie RUMELLE, Robert SANTEUIL,
puis EUGÈNE *et* Henri BASSOU

LUCIE

C'est navrant !

ROBERT

Je n'ai plus d'espoir.

4

LUCIE

Il n'a pas voulu donner sa carte. Il ne dira rien au ministre !

ROBERT

Je n'y compte plus

LUCIE

Cette histoire du beau-frère de l'ambassadeur !

ROBERT

Oui, ils ont toujours un petit exemple sous la main. Ah ! ma chérie ! ma chérie ! que je suis malheureux !

LUCIE

Ah ! je suis malheureuse !

> (*A ce moment, entre un soldat de mise un peu négligée. Ce soldat tient un cahier sous le bras. Il aperçoit Robert.*)

EUGÈNE

Oh ! mais je ne me trompe pas ? Mais c'est monsieur Santeuil ?

ROBERT, *le dévisageant*

Je ne vous remets pas.

EUGÈNE

Mais je suis votre coiffeur, Monsieur. Je suis Eugène, votre coiffeur de Paris.

ROBERT

Ah! oui, c'est que vous avez coupé votre barbe. Et vous êtes mobilisé à Bordeaux?

EUGÈNE

Oui, Monsieur. Je suis au bureau du capitaine-adjudant-major.

ROBERT, *regardant les numéros de son collet*

Et vous avez de la veine! Vous êtes au 192ᵉ!

EUGÈNE

Pourquoi est-ce que j'ai de la veine? Qu'est-ce qu'il a de plus que les autres, ce régiment?

ROBERT

C'est que moi je voudrais être au 192ᵉ. Je fais des pieds et des mains, je ne peux pas y parvenir. J'ai vu le ministre, le général...

EUGÈNE

Vous voulez être au 192ᵉ?

ROBERT

Oui, c'est pour faire mon instruction à Bordeaux...

EUGÈNE, *ouvrant son livre, écrivant*

Robert Santeuil... (*Refermant son livre.*) Vous voilà
au 192ᵉ.

ROBERT, *stupéfait*

Comment?

EUGÈNE

Je suis scribe au bureau du capitaine-adjudant-major.

ROBERT

Quel grade avez-vous?

EUGÈNE

Pas de grade.

ROBERT

Mais, dites donc, ça ne dépend pas de vous, ça
dépend du recrutement?

EUGÈNE

Vous en faites pas! J'arrangerai ça avec le recrutement. (*Henri Bassou entre.*) Si vous croyez que c'est la première fois !

ROBERT

Il paraît qu'il y a déjà tant de monde au 192ᵉ...

EUGÈNE

Eh bien, ça fera un de plus, voilà tout. Ce n'est pas ça qui le fera déborder, le régiment.

LUCIE

Oh ! Monsieur, que je vous suis reconnaissante !

EUGÈNE

Mais de quoi, Mademoiselle ? (*A Robert*), monsieur Santeuil, je vous attends au bureau. Quand vous voudrez, près des allées de Tourny.

(Il sort.)

HENRI, *qui a entendu la fin de la conversation*

Eh bien, c'est arrangé ?

LUCIE

Oui, après un refus du ministre.

ROBERT

Crois-tu? Il faut que je le prévienne, le ministre, parce qu'il va en parler à son collègue de la Guerre?

HENRI

T'en fais pas.. Il ne lui dira rien.

ROBERT

Bagonet va lui remettre ma petite note.

HENRI

Il ne la lui remettra pas. L'important, c'est que tu les remercies.

LUCIE

Comment, qu'il les remercie?

HENRI

Ah! il faut les remercier tous : le ministre, son chef de cabinet, et même moi.

ROBERT

Ils savent pourtant qu'ils n'ont rien fait.

HENRI

Ils n'en sont pas sûrs.

ROBERT

En tout cas, viens déjeuner!

RIDEAU

Un Mystère sans importance

PIÈCE EN UN ACTE

PERSONNAGES

ROSELEUR, avocat, 35 à 40 ans.
GERBIER, même âge.
GENOUVIER, âge quelconque.
LAURE, 25 à 30 ans.
JEANNETTE, femme de chambre.

La pièce a été jouée dans une matinée de bienfaisance par MM. SIGNORET, HENRY MAYER, ANDRÉ ANTOINE et par Mme JANE RENOUARDT.

Un Mystère sans importance

La scène représente un cabinet d'avocat très bien meublé.
Roseleur entre avec Gerbier; il le fait passer devant lui.

ROSELEUR

Oh! oui, mon vieux, va! Cette existence, mon existence que tu as l'air d'envier, est très monotone.

GERBIER

Monotone, mais glorieuse. Tu es un des avocats les plus en vue du barreau.

ROSELEUR

Si tu veux.

GERBIER

Tu as de charmantes relations féminines...

ROSELEUR

Inutile d'insister là-dessus.

GERBIER

N'en parlons pas.

ROSELEUR

Ote donc ton pardessus.

GERBIER

Non. Je ne peux pas rester longtemps ici. L'affaire dont
je voulais te parler est très pressée, c'est au sujet de notre
Société de Secours Mutuels.

ROSELEUR

Ah! très bien! alors tu ne veux pas ôter ton pardessus? Mais, moi, comme je ne sors pas et comme je
vais reprendre ma monotone série de rendez-vous quoti-
diens, j'ôte mon pardessus.

(Il sonne.)

GERBIER

Tu reviens de ce Congrès?

ROSELEUR

Oui, on m'avait dit que ma présence y était indispen-
sable, mais il y avait tellement de monde qu'on n'y a vu
personne. (*La bonne est entrée.*) J'en ai encore chaud...
(*Il prend son mouchoir dans la poche de son pardessus
et s'essuie le front.*) Qu'est-ce que c'est que ça? (*Il déplie
le mouchoir et voit qu'il y a un nœud.*) Tiens, j'ai fait un
nœud à mon mouchoir. Pourquoi ai-je fait un nœud à
mon mouchoir?

GERBIER

Pourquoi cette épingle sur ma manche? disait le roi Dagobert.

ROSELEUR

Oh! moi qui n'ai pas, comme le roi Dagobert, du temps à perdre, je ne vais pas m'attarder à ces petites histoires-là. (*A la bonne.*) Emportez mon pardessus. Dites donc, ce matin, vous ne m'avez pas vu faire un nœud à mon mouchoir?

LA BONNE

Non, monsieur.

ROSELEUR

Sylvain est-il en course?

LA BONNE

Non, Monsieur, il nettoie les carreaux de la salle à manger.

ROSELEUR

Demandez-lui s'il ne m'a pas vu faire un nœud à mon mouchoir.

GERBIER

Ça t'occupe...

ROSELEUR, *énervé*

Mais non, mais non. Il s'agit là d'une chose de peu d'importance, autrement je l'aurais certainement retenue. J'ai une mémoire de premier ordre. De quoi parlions-nous?

GERBIER

Tu me disais que ta vie était monotone.

ROSELEUR, *songeur*

Ce nœud à mon mouchoir, je l'ai fait au moment où j'avais mon pardessus... En effet, j'ai toujours deux mouchoirs, un dans la poche de mon pantalon, l'autre dans la poche de mon pardessus. Quand j'ai besoin de me moucher, et que je suis dehors, je veux n'être pas obligé d'ouvrir mon pardessus pour prendre mon mouchoir dans la poche de mon pantalon. J'ai donc fait ce nœud à mon mouchoir à un moment où j'étais dehors ou bien à un moment où j'étais sur le point de sortir. (*Avec un geste qui balaie cette idée.*) Mais tout ça n'a aucune importance.

GERBIER

Etait-ce un aide-mémoire relatif à un de tes dossiers?

ROSELEUR

Non, les notes de ce genre je les prends toujours par écrit sur ce petit calepin que je mets dans mon gilet. Je te dis, c'est sûrement une chose de peu d'intérêt. (*Il s'installe sur le fauteuil.*) Mais parle! ne perdons pas notre temps! Qu'avais-tu à me dire?

GERBIER

C'est au sujet de notre maison de retraite. Nous avons

en vue un terrain qui appartient à la ville. Il faudrait
obtenir du Conseil Municipal...

ROSELEUR

Ce n'est pas une invitation à déjeuner, je les marque
toujours également sur un autre petit calepin... Tu disais
que le Conseil Municipal?...

GERBIER

Il y a un rapporteur de nommé...

ROSELEUR, *vague*

Un rapporteur de nommé?

GERBIER

C'est précisément le conseiller de ton quartier.

ROSELEUR, *machinal*

Ah! Voilà une bonne coïncidence...

GERBIER

Tu iras le voir sans retard?

ROSELEUR

Certainement. (*Songeur.*) J'ai tous mes vêtements pour

l'hiver... Trois paires de chaussures toutes neuves... Je n'ai pas besoin de linge.

GERBIER

Des cigares peut-être.

ROSELEUR

Non, mon vieux, n'essaie pas de trouver, tu m'embrouillerais. Et puis, ne me parle plus de cette histoire-là. Tu m'y fais penser, j'ai bien d'autres choses en tête. Allons, allons, travaillons! Tu me disais que le rapporteur était mon conseiller municipal? Sais-tu quand il reçoit, ce monsieur? (*Impatient.*) Voilà, tu devrais avoir tous les renseignements et tu ne sais pas quand il reçoit!

GERBIER

Mais si! Tous les matins, de 9 à 11.

ROSELEUR, *rêveur*

Tous les matins, de 9 à 11, tous les matins de 9 à 11... Je suis sorti ce matin à 9 heures et demie, j'ai pris un taxi... je suis resté seul dans le taxi... par conséquent c'est une idée qui ne m'est pas venue dans une conversation, c'est au cours d'une réflexion solitaire... Allons... allons!... Montre-moi le plan que tu as là.. c'est le plan de votre maison de retraite?...

GERBIER, *dépliant le plan*

Il est vraiment très séduisant. Voilà la cour d'entrée, le promenoir couvert...

ROSELEUR, *penché sur le plan*

C'est très bien... très bien...

GERBIER

Le réfectoire...

ROSELEUR, *toujours penché sur le plan*

Je ne suis pas resté seul tout le temps.., Je suis descendu du taxi pour m'arrêter dans un magasin d'antiquités... J'ai parlé au marchand, que lui ai-je dit?... Je sais encore parfaitement tout ce que je lui ai dit. Ce n'est donc pas à ce moment... Allons, allons! occupons-nous de notre affaire!

GERBIER

D'autant plus que c'est pressant... En attendant que nous ayons ce terrain pour construire, il faut que nous obtenions un abri provisoire pour nos vieux hospitalisés qui sont sur le pavé.

ROSELEUR, *songeur*

En sortant de chez l'antiquaire, je suis resté avec lui sur le pas de la porte... Non, non, je ne lui ai rien dit à ce moment... Ecoute, j'irai voir dès demain matin ce conseiller municipal. S'il y a des difficultés juridiques pour la cession du terrain, ou pour cet abri temporaire, je connais quelqu'un au Conseil d'Etat qui aplanira tout cela... (*On frappe à la porte.*) Qu'est-ce que c'est?

5

LA BONNE, *entrant*

C'est Sylvain, Monsieur... Je lui ai demandé si Monsieur avait fait un nœud à son mouchoir ce matin, il ne s'en rappelle plus.

ROSELEUR, *furieux*

C'est pour cela que vous me dérangez!

LA BONNE

Monsieur me l'avait dit...

ROSELEUR

Il y a temps pour tout... (*Elle sort.*) Elle m'a fait perdre le fil de ce que je voulais te dire... C'est assommant! Je parlais d'un antiquaire... (*Tapant du pied.*) Non! non !

GERBIER

Tu parlais d'un conseiller d'Etat, qui aplanirait les difficultés...

ROSELEUR

C'est entendu... (*Songeur.*) Il ne s'agit sûrement pas d'une histoire de bibelot... (*On frappe à la porte.*) Entrez!

LA BONNE

Madame Le Radier est là.

ROSELEUR

Bon, bon, dans un instant.

GERBIER

Je te laisse.

ROSELEUR

Tu es bête! Tu me laisses! tu me laisses! Tu n'as pas
à me dire avec cet air-là : Je te laisse...

GERBIER

Alors, je reste.

ROSELEUR

Non, non, laisse-moi... et sois tranquille pour notre
affaire, je ne pense qu'à cela.

(*Entre la bonne.*)

LA BONNE

J'ai fait entrer cette dame dans le petit salon.

(*Sort Gerbier.*)

ROSELEUR, *après un petit signe distrait dans la direction
de Gerbier. A la bonne :*

Bien, bien. Dites donc, que vous a dit Sylvain tout à
l'heure?

LA BONNE

A propos de quoi?

ROSELEUR

A propos... de ce que je vous avais dit... de mon mouchoir.

LA BONNE

Je croyais que Monsieur ne voulait pas que je lui en parle.

ROSELEUR

Il y a temps pour tout. Alors il n'a rien remarqué?

LA BONNE

Non, Monsieur.

ROSELEUR

Il ne voit jamais rien... C'est vrai que ce n'est peut-être pas à ce moment-là... Faites entrer cette dame et ne me dérangez pas...

(Elle sort.)

ROSELEUR, *seul à son bureau*

Avez-vous toujours cette petite boîte de laque ancienne? ai-je dit à l'antiquaire. — Non, je l'ai sans l'avoir, je l'ai confiée à un client qui me la rendra peut-

être ces jours-ci... Et puis, nous n'avons rien dit d'autre...
(*Depuis un instant Laure est entrée sans qu'il s'en
soit aperçu. Elle le considère en silence.*)

LAURE

Toujours absorbé? Vous allez vous faire mal, méchant!

ROSELEUR

Oui, oui, j'ai un dossier qui me préoccupe. Mais au diable les affaires sérieuses!... (*La regardant avec attendrissement et faisant un geste pour aller vers elle.*) Chérie!
(*Laure fait signe de s'arrêter.*)

LAURE

On pourrait entrer... (*Souriant.*) Pourquoi est-ce que je suis venue aujourd'hui?

ROSELEUR

Pour me voir!

LAURE

C'est entendu... Mais il y avait une raison spéciale... une chose que vous avez oubliée...

ROSELEUR, *vivement*

Qu'est-ce que j'ai oublié? Dites, dites!

LAURE

Il y a aujourd'hui six mois...

ROSELEUR, *déçu*

Ah oui!

LAURE

C'est tout l'effet que ça vous fait?

ROSELEUR, *attendri*

Ma chérie!

LAURE

Et vous n'avez pas pensé à me le dire ce matin au téléphone.

ROSELEUR, *sursautant*

Au téléphone!

LAURE

Qu'est-ce qu'il y a?

ROSELEUR

Je vous ai téléphoné ce matin?

LAURE

Mais oui, où êtes-vous donc?

ROSELEUR

D'où vous ai-je téléphoné? Ce n'est pas d'ici.... Je
suis entré au Secrétariat au Palais et j'ai demandé le
téléphone. Bien... qui ai-je rencontré au Secrétariat? Que
m'a-t-on dit?

LAURE

Mais pourquoi cette enquête?

ROSELEUR, *un peu gêné*

A propos d'une affaire très grave que j'étudie en ce
moment.

LAURE

Oh! laissez vos papiers tranquilles, je suis là.

ROSELEUR, *avec transport*

Oui, tu es là! toi seule existes!... Non, on n'entrera
pas... (*Elle se laisse embrasser.*) Je t'aime!... Et puis
cette affaire n'a aucune importance.

LAURE

Alors n'y pense pas et pense à moi.

> (*Ils s'embrassent tendrement. Elle appuie sa tête
> sur son épaule. Il est face aux spectateurs, il
> lui caresse doucement les cheveux; au bout
> d'un certain temps, on voit qu'il est repris par*

> *sa préoccupation. Il continue à lui caresser les cheveux, machinalement.)*

LAURE

Tu m'aimes, chéri? (*Il ne répond rien.*) Tu m'aimes, chéri?

> *(Roseleur semble s'éveiller d'un songe.)*

ROSELEUR

Oui.

> *(Il a dit ce oui brusquement et embrasse Laure avec rudesse.)*

LAURE

Oh! comme tu m'embrasses fort!

ROSELEUR, *distraitement*

Je ne l'ai pas fait exprès!

LAURE

Comment, tu ne l'as pas fait exprès?

ROSELEUR, *vivement*

Si, si, je l'ai fait exprès, chérie! (*Il la prend dans ses bras. Au bout d'un instant, il retombe dans sa songerie.*

Brusquement.) Est-ce que j'ai trouvé des lettres chez la concierge en rentrant déjeuner?

LAURE

Pourquoi me demandes-tu cela?

ROSELEUR

Pour rien... Il faut que j'en aie le cœur net. Excuse-moi, chérie, que j'aime plus que tout au monde. (*Il va à la porte.*) Jeannette!

LA BONNE *entre tout de suite*

Monsieur?

ROSELEUR

Oh! comme vous étiez près!

LA BONNE

J'avais à faire dans la chambre à côté.

ROSELEUR

Est-ce que j'ai monté des lettres en rentrant déjeuner?

LA BONNE

Je ne m'en rappelle plus.

ROSELEUR

Vous ne vous souvenez non plus jamais de rien.

LA BONNE

Je ne voulais pas déranger Monsieur, puisque Monsieur m'avait dit de ne pas le déranger.

(*Laure fait un mouvement.*)

ROSELEUR, *à la bonne*

C'est bon, c'est bon.

LA BONNE

Mais je profite de l'occasion que Monsieur m'appelle pour l'avertir qu'il y a là un individu. Il veut dire quelque chose de très important à Monsieur.

ROSELEUR

Un individu?

LA BONNE

Oh! je pourrais dire un monsieur, il est en haut de forme et il a des gants bien propres.

LAURE

Je vais vous quitter. (*Sur un geste de dénégation de Roseleur.*) Si, si, je suis attendue chez ma mère.

ROSELEUR, *à la bonne qui sort*

Faites entrer ce monsieur. (*A Laure, en lui baisant les doigts.*) Je t'adore!

LAURE, *à demi-voix*

Moi, je vous trouve bien absent!

ROSELEUR

Comment peux-tu dire? (*Entre la bonne. A Laure, cérémonieusement.*) Mes respects à Madame votre mère.

(Laure sort.)

LA BONNE

Voici ce monsieur.

> (*Elle s'efface pour laisser passer Genouvier et sort.*)

GENOUVIER

Maître, je n'ai pas l'honneur d'être connu de vous...
J'ai beaucoup d'admiration pour votre talent... Mais ce
n'est pas pour cela que je viens. J'ai tenu à vous voir
seul à seul afin de vous remettre à vous-même une lettre
assez intime.

ROSELEUR

Une lettre?

GENOUVIER

Je m'appelle Henri Genouvier et je m'occupe d'études
juridiques à Paris. Voici une lettre, Maître, à vous
adressée. Elle était ouverte, c'est ce qui fait que j'en ai
pris connaissance. Elle m'a paru d'un caractère assez
confidentiel. Je n'ai pas voulu qu'elle tombât dans les
mains d'une tierce personne; alors, j'ai pensé qu'il n'était
pas indiscret et que c'était au contraire un devoir de
discrétion de venir vous la remettre.

ROSELEUR, *regardant la lettre*

En effet; cette lettre est pour moi, mais je ne comprends pas comment elle se trouve entre vos mains.

GENOUVIER

Je ne l'ai pas dérobée, croyez-le bien, je l'ai trouvée.

ROSELEUR

Vous l'avez trouvée?

GENOUVIER

Dans votre poche.

ROSELEUR

Dans... ma... poche?

GENOUVIER

Dans la poche de votre pardessus que voici. (*Il ôte son pardessus.*) Vous y trouverez également un mouchoir, un mouchoir qui porte vos initiales... Ce pardessus m'a été remis tout à l'heure au vestiaire du Congrès de jurisprudence. Il y avait un grand nombre de pardessus, très peu de numéros, et les deux vieilles dames de quatre-vingts ans qui faisaient le service ne s'y retrouvaient pas beaucoup.

ROSELEUR

Alors, Monsieur, c'est moi qui avais votre pardessus! Ah! vous me délivrez d'un grand poids...

GENOUVIER

Oh! Monsieur, je ne vous aurais jamais accusé de l'avoir pris...

ROSELEUR

Ce mouchoir, Monsieur, est à vous? (*Il le place sur le bureau le plus loin de lui possible.*) Et il y a un nœud à ce mouchoir... (*A la bonne qui entre.*) Voulez-vous donner à Monsieur le pardessus que vous avez emporté tout à l'heure?

LA BONNE

Bien, Monsieur, il est tout à côté, je ne l'avais pas encore rangé. (*A Roseleur, bas.*) Monsieur va donner son pardessus? Mais il est tout neuf.

ROSELEUR

Ne vous occupez pas de cela. (*A Genouvier qui tient le mouchoir dans ses mains.*) Qu'est-ce que vous avez?

GENOUVIER

Voici en effet mon mouchoir, le nœud était fait sur le coin des initiales, je me rappelle avoir fait ce nœud ce matin, mais je ne peux pas arriver à me rappeler pourquoi.

ROSELEUR

A vous de chercher, mais ne vous plaignez pas... Il y a du mystère dans votre vie... La mienne redevient monotone. (*A la bonne.*) Reconduisez Monsieur. (*Genouvier sort. Roseleur le rappelle.*) Monsieur! Monsieur!

GENOUVIER

Qu'est-ce qu'il y a?

ROSELEUR

Je vous remercie. (*A la bonne.*) Allez ranger ce pardessus.

GENOUVRIER, *s'inclinant*

Oh! de rien. (*Il sort.*)

LA BONNE, *examinant le pardessus*

Il n'est pas si bien que l'autre.

ROSELEUR

Oui, mais c'est le mien!

RIDEAU

Un Dramaturge

en plein labeur

PIÈCE EN UN ACTE

Un Dramaturge
en plein labeur

L'Auteur se promène de long en large dans son cabinet de travail, en robe de chambre. — Sonnerie de téléphone.

L'AUTEUR

A midi moins un quart! A-t-on idée de téléphoner à des heures pareilles!... Ils ne respectent pas le repos d'autrui, ces gens-là! (*Il décroche l'appareil.*) Allo!... Ah! C'est toi, Albert? Déjà levé!... C'est vrai que nous avons joué... — toi tu es parti à quatre heures — nous avons joué jusqu'à sept heures et demie, mon vieux! C'est idiot!... Oh! ce n'est pas que j'aie perdu... c'est entendu, j'ai perdu; mais c'est idiot! Enfin!... C'est imbécile, c'est criminel de se coucher aussi tard!... Avec ça que j'ai promis à Rosenberg de lui donner mon manuscrit aujourd'hui... Les engagements des artistes courent en ce moment... Mais qu'est-ce que je vais lui raconter! Enfin! J'aime mieux ne rien préparer de ce que je lui dirai, je suis trop fatigué; quand il m'interrogera, je verrai ce que je pourrai répondre... Attends un peu... Mon vieux, tu m'excuses, j'entends la porte se refermer, c'est mon secrétaire qui arrive... Oui!... Ben oui! Il s'amène tranquillement à midi! Enfin!... Au revoir.. Ce soir, un nouveau poker? Ah! non, mon vieux, tu ne m'as pas regardé... Hein?... (*Energiquement.*) Oh! non, recommencer à jouer après une nuit blanche, ah! non et non!... (*Fléchissant.*) Enfin, si vous avez besoin de moi... je ne veux pas casser votre partie. Au revoir, mon vieux! (*Il raccroche. Le secrétaire entre.*) C'est à cette heure-ci que vous vous amenez, vous?

LE SECRÉTAIRE

Je vous demande pardon, Maître, je suis venu à neuf heures, mais Firmin m'a dit que vous dormiez encore, et que vous vous étiez couché très tard...

L'AUTEUR

Alors, parce que je me repose, c'est une raison pour qu'on ne travaille pas? Comment se fera la pièce, si personne n'y travaille? Où en êtes-vous?

LE SECRÉTAIRE

J'ai à peu près fini le premier acte. J'attendais que vous ayez vu la scène d'Alberte et de Jean pour savoir ce que je devais faire.

L'AUTEUR

N'attendez pas, mon ami! Si ce n'est pas bien, on recommencera, on est ici pour travailler.

LE SECRÉTAIRE

Vous avez vu cette scène, Maître?

L'AUTEUR, *hésitant*

Je l'ai vue, oui... Enfin, je l'ai parcourue... Enfin, je sais ce qu'il y a dedans!

LE SECRÉTAIRE

C'est le début du II qui est difficile.

L'AUTEUR

Parce que vous manquez d'audace. Il faut se lancer! L'important, c'est d'écrire! C'est d'écrire! Vous êtes à l'âge où l'on écrit. Il faut que mes deux actes soient remis au copiste mardi. Arrangez-vous pour cela. Rosenberg va me téléphoner. Je lui dirai, évidemment, que la pièce est terminée, mais ce n'est pas cela qui arrangera les choses...

LE SECRÉTAIRE

Je vais travailler d'arrache-pied!

L'AUTEUR

C'est cela, il le faut. Après, vous vous mettrez à ma pièce du Théâtre de Paris, et après à une autre pièce. Et puis après, ce que je vous ai promis... : nous collaborerons.

LE SECRÉTAIRE

Oh! Maître! Quel bonheur ce sera pour moi!

L'AUTEUR, *vivement*

Ce moment n'est pas arrivé. Mais en attendant, travaillons! (*Le téléphone sonne.*) Ah! c'est Rosenberg... Comme je suis mal disposé pour lui répondre! Dites-lui donc que je me suis couché à huit heures, que j'ai travaillé, qu'il faut me laisser travailler dans l'intérêt de tout le monde... Non! C'est moi qui vais lui parler! (*Il décroche.*) Allo!... Allo! C'est toi, Rosenberg? Comment vas-tu, mon vieux Lucien?... J'ai l'air fatigué? Ah... on le serait à moins, va! Huit heures, mon ami, j'ai travaillé jusqu'à huit heures du matin!... Oh! Je ne le regrette pas, ça valait la peine... Hein? Le troisième acte? Oui, le troisième acte est terminé... Enfin, quand je dis terminé, il manque... trois fois rien, de petits joints à resserrer... Non, mon vieux, je ne te le lirai pas... quand ce sera absolument au point... Oui, oui, je sais que tu es un homme de théâtre... Mais, tout de même, un petit quelque chose qui n'irait pas pourrait te faire mauvaise impression... Tu trouves que je suis en retard?... Voyons, mon vieux, de quoi te plains-tu? Je t'avais promis la pièce pour le 5 février? Eh bien, je t'affirme qu'à midi précis, le 15 mars, je te l'apporterai... Ben quoi! Cela fait quarante jours... Je suis en avance sur le retard normal!... Tu es extraordinaire! Tu sais pourtant ce que c'est que d'écrire une pièce! On ne peut pas commander à ses facultés créatrices!... Mon travail de cette nuit? Ah! épatant... Oh! épatant!... Je crois que nous tenons le gros succès... Oh! non, ne me passe pas de pommade, tu verras la pièce le 15 mars et tu me diras ce que tu en penses. Aujourd'hui, je t'avoue que je suis un peu claqué... Ce qui se passe au II? Oh!... oui, je puis très bien te le dire : « Le comte... » (*A mi-voix au Secrétaire.*) Prenez des notes, ça pourra toujours servir... (*Au téléphone.*) « ... Le comte, très fatigué, exténué de fatigue... » (*Le secrétaire fait des signes désespérés pour attirer l'attention de l'Auteur.*) ... Qu'est-ce que c'est? — Je te demande pardon, Rosenberg... On m'apporte un télégramme. (*Au Secrétaire.*) Qu'y a-t-il?

LE SECRÉTAIRE

Le comte est mort à la fin du premier acte!...

L'AUTEUR

Allo! Rosenberg? Je reprends : « Le comte, exténué de fatigue, meurt... » Je crois, d'ailleurs, que je le ferai mourir à la fin du premier acte! Attends... Je cherche dans des papiers... (*Il ne cherche pas dans ses papiers et fronce les sourcils douloureusement.*) « Alors, sur ces entrefaites, le minotier, le gros minotier du Midi arrive... » (*Le Secrétaire fait à nouveau des signes.*) Attends, je te demande pardon, encore un télégramme...

LE SECRÉTAIRE

Le minotier!... C'est dans votre pièce du Théâtre de Paris.

(*L'Auteur a un geste accablé.*)

L'AUTEUR, *au téléphone*

Allo! Allo! C'est toi? On coupe tout le temps... Ecoute, je ne crois pas, d'ailleurs, que j'en ferai un minotier, cela ne va pas avec le milieu, non! « Là-dessus, intervention du...

LE SECRÉTAIRE, *vivement*

... Notaire!

L'AUTEUR

... Du notaire... naturellement... Ce qu'il dit? Eh bien, j'aime mieux ne pas te le dire, tu en auras la surprise. Après cela, c'est la scène entre Signoret et Marnac... (*Au Secrétaire.*) Je sais que Signoret et Marnac sont engagés... (*Au téléphone.*) J'aime mieux te dire des noms d'acteurs, tu comprends... Alors, arrive Bélière : scène entre Bélière et Signoret... J'ai écrit là soixante répliques... tu m'en donneras des nouvelles... Puis la fin du II, avec un mouvement de tous les diables! (*Il écoute.*) Je ne te dis pas grand'chose sur la pièce? Mais c'est exprès, mon vieux : comprends bien que pour ma lecture définitive, je veux un auditeur frais... Cette pièce est très public?... oui, oui, sois tranquille... avec, tu sais, des petites choses pour nous, bien entendu... Le III? Oh! bien, je te dirai une chose qui va te stupéfier : le III monte sur le II, tu comprends, c'est là la raison de mon retard. J'avais fait un II tellement extraordinaire!... Je me disais : « Jamais le III ne va monter sur le II. » Et cette nuit, j'ai trouvé un rebondissement formidable! Je te montrerai cela. Tu aurais pu attendre cet acte pendant dix ans... je l'ai trouvé cette nuit... En ce moment, ce que je fais? Je suis seul et je travaille! (*A mi-voix, au Secrétaire.*) Je ne veux pas vous découvrir! (*Au téléphone.*) J'ai eu cette chance miraculeuse de trouver des éléments nouveaux... Je te quitte parce que je vais en mettre un coup sérieux!... Au revoir!... Au revoir! (*Il raccroche.*) Oh! Cet homme est fatigant! Ecoutez, mon vieux, vous savez, ne comptez pas sur moi aujourd'hui, vous savez. Installez-vous ici, et puis, du courage! Je vais me reposer un peu.

(*Il va s'étendre sur un divan, que cache à demi
un paravent. On frappe à la porte.*)

LE SECRÉTAIRE, *sur le seuil*

C'est vous, Bertin? Pour votre interview? Oh! non, mon cher, pas aujourd'hui, c'est impossible! Demain, demain! Il est en plein feu. Il écrit sa pièce...

RIDEAU

Le Prétendant

PIÈCE EN UN ACTE

PERSONNAGES

M. Racosse.

Pomin.

Enguerrand Durand.

Mme Racosse.

Augustine.

Renée.

La bonne.

Le Prétendant

*La scène représente un salon assez luxueusement meublé.
Aux murs, des tableaux de grande valeur. Une bonne
achève d'épousseter les meubles. Entre Madame Racosse, un peu mûre, un peu grosse, vêtue d'une robe
trop pailletée.*

MADAME RACOSSE, *à la bonne*

Où est Monsieur?

LA BONNE

Il est dans son bureau, Madame!
> (*Mme Racosse sort par la porte de droite.
> M. Racosse entre, un instant après, par la
> porte de gauche. Il est petit, maigre, sans
> gaîté.*)

MONSIEUR RACOSSE

Où est Madame?

LA BONNE

Elle est partie chercher Monsieur. Je croyais que
Monsieur était dans son bureau.

MONSIEUR RACOSSE

J'étais dans le jardin d'hiver. Les plantes s'abîment...
Elles sont malades, on ne les soigne pas... Il n'est rien
arrivé pour moi?...

LA BONNE

Si, Monsieur, ça... que la concierge m'a remis...
(*Elle lui tend une enveloppe.*)

MONSIEUR RACOSSE

Encore un papier des contributions directes!... Ils me
feront mourir!...
(*Il sort par la porte de droite.*)

MADAME RACOSSE, *entrant par la porte de gauche*

Monsieur n'était pas dans son bureau.

LA BONNE

Non, Madame, il est dans la serre,

MADAME RACOSSE

Je viens aussi de la serre! il n'y était pas.

LA BONNE

Alors, Madame, c'est qu'il est dans son bureau.

MADAME RACOSSE

Vous êtes insupportable! Vous ne savez pas ce que
vous dites!... Vous êtes là à trôler dans le salon!... Allez
plutôt près de Mademoiselle. Elle doit avoir besoin de
vous et dites-lui de ma part qu'elle devrait être prête...
(*Sort la bonne. Mme Racosse se dirige vers la
porte de droite et heurte presque M. Racosse,
qui entre.*)

MONSIEUR RACOSSE

Où étais-tu?

MADAME RACOSSE

Et toi?

MONSIEUR RACOSSE

Encore un papier des contributions directes... Ils me
feront mourir!

MADAME RACOSSE

Oh! que tu es embêtant!... tout le temps cette obses-
sion... Pense plutôt à la visite de ce monsieur... Le mariage de ta fille a tout de même plus d'importance que
tes impôts...

MONSIEUR RACOSSE, *sombre*

S'ils continuent, je ne pourrai bientôt plus marier ma
fille. Je n'aurai plus un sou à lui donner.

MADAME RACOSSE

Comment peux-tu dire des choses pareilles?... Heureusement que tu sais que ce n'est pas vrai.

MONSIEUR RACOSSE

L'idée que ces gens rôdent autour de vous, tout le
temps, comme si on était des malfaiteurs... l'idée qu'ils
vous soupçonnent de mensonges...

MADAME RACOSSE

Qu'est-ce que ça peut te faire? Tu as ta conscience
pour toi.

MONSIEUR RACOSSE, *un peu hésitant*

Evidemment! Evidemment!

MADAME RACOSSE

Tu as entendu sonner?

MONSIEUR RACOSSE

C'est possible.

MADAME RACOSSE

Entrez!

LA BONNE, *entrant*

C'est madame la sœur de Monsieur.

MADAME RACOSSE

Eh bien, faites-la entrer, voyons, ne la faites pas attendre... (*Sort la bonne.*) Tu as dit à ta sœur qu'il venait quelqu'un pour la petite?

MONSIEUR RACOSSE

Non, je ne le lui ai pas dit.

MADAME RACOSSE

Elle va peut-être être formalisée qu'on ne lui en ait pas parlé...

MONSIEUR RACOSSE

Mais non, on n'a pas eu le temps... Et puis, un monsieur se présente, ça ne veut pas dire que le mariage va se faire...

(*Entre Augustine. Elle paraît préoccupée.*)

AUGUSTINE

Bonjour André, bonjour Juliette... (*A M. Racosse.*) je viens te voir : regarde ce que j'ai reçu!

MONSIEUR RACOSSE

Un papier des contributions? Moi aussi! Tu n'es pas la seule.

AUGUSTINE

Je suis empoisonnée par ça... Ces gens qui vous tourmentent... et qui ont toujours l'air de croire qu'on veut frauder.

MONSIEUR RACOSSE

Tu as ta conscience pour toi?

AUGUSTINE, *après une hésitation*

Bien sûr!

MONSIEUR RACOSSE, *en conclusion*

Eh bien?

AUGUSTINE

Tu ne peux pas t'imaginer les procédés qu'ils ont pour leurs investigations... On m'a raconté une chose affreuse.

MONSIEUR RACOSSE

Si tu crois tout ce qu'on raconte!

AUGUSTINE

La personne qui m'a dit ça, c'est une personne très sérieuse, je te prie de le croire... Il paraît qu'il y a, aux contributions, des agents secrets qui s'introduisent dans les maisons, sous tous les prétextes... On m'a cité une maison où la cuisinière les renseignait. Chez un gros industriel, ils avaient placé un chauffeur... La bonne anglaise même était avec eux.

MONSIEUR RACOSSE

C'est effrayant!

MADAME RACOSSE

Je ne crois pas ça, moi!

MONSIEUR RACOSSE

Tu ne le croiras pas jusqu'au jour où je serai traîné devant les tribunaux...

MADAME RACOSSE

Mais si tu as ta conscience pour toi...

MONSIEUR RACOSSE

Ce n'est pas toujours suffisant...

AUGUSTINE

Et encore, je ne vous ai pas dit le plus fort!

MADAME RACOSSE

Qu'est-ce que c'est?

AUGUSTINE

Il paraît qu'il y a des gens des contributions qui s'introduisent dans les maisons où il y a une jeune fille à marier, sous prétexte de demander sa main...

MONSIEUR RACOSSE, *terrorisé, à sa femme*

Tu entends ça?

MADAME RACOSSE, *impressionnée elle-même*

Oui, j'entends...

AUGUSTINE

Le prétendant interroge évidemment le père sur sa fortune. Le père, naturellement, présente les choses au mieux, et l'on reçoit une feuille du contrôleur, qui vous taxe en conséquence.

> (*Silence accablé. M. Racosse regarde Mme Racosse.*)

MONSIEUR RACOSSE, *à Augustine*

Il faut te dire, justement, que nous attendons quelqu'un aujourd'hui pour la petite...

AUGUSTINE

Quelqu'un que vous connaissez?

MONSIEUR RACOSSE

Eh bien, pas plus que ça... L'autre jour, dans une maison où nous dînions, un monsieur qu'on venait de nous présenter et à qui je disais que j'avais une fille à marier, m'a parlé d'un de ses amis à lui, un jeune industriel très riche.

AUGUSTINE

Ça y est! le monsieur en question est certainement un agent des contributions et le monsieur que vous attendez en est un aussi; c'est hors de doute!

> (*Entre Renée, très joliment habillée.*)

RENÉE

Bonjour, ma tante.

MONSIEUR RACOSSE, *précipitamment*

Va changer de robe!

RENÉE

Comment, papa!

MONSIEUR RACOSSE

C'est de la folie que de te présenter avec une robe pareille! C'est une robe de jeune milliardaire!... Il faut donner l'impression de la simplicité. (*A Mme Racosse.*) C'est comme toi, tu es ridicule avec cet or et cet argent...

RENÉE

Mais si ce monsieur arrive! D'ici que j'aie choisi une autre robe, ce sera long!

MONSIEUR RACOSSE

Bon, alors reste comme tu es, on lui dira que ce sont des robes que vous avez gagnées dans des concours de mots croisés.

RENÉE

Papa, je ne te comprends pas!

MONSIEUR RACOSSE

En deux mots, tu vas comprendre. Le monsieur dont nous t'avons parlé, qui va demander ta main, nous avons tout lieu de croire...

RENÉE

Croire...

MONSIEUR RACOSSE

Que c'est un agent du fisc... C'est effrayant... Quand il va voir tous les tableaux qui sont aux murs...

AUGUSTINE

J'ai entendu une auto qui vient de stopper devant la maison.

MONSIEUR RACOSSE, *agité*

C'est lui! Tu penses que nous n'avons pas eu le temps d'arrêter notre plan de campagne... Enfin...

MADAME RACOSSE

Nous ne sommes pas plus bêtes que d'autres... Nous savons très bien ce qu'il faudra lui dire dans la conversation... (*On frappe.*) Qu'est-ce que c'est?

LA BONNE, *entrant*

Monsieur, c'est deux messieurs qui veulent parler à Monsieur et à Madame... Je ne les ai pas laissés dans l'antichambre, je les ai fait entrer dans le petit salon.

MONSIEUR RACOSSE, *entre ses dents*

Ils vont voir les Renoir et les Cézanne... (*A la bonne.*) Ça va bien, quand je sonnerai, vous les ferez entrer ici! Allez! (*La bonne sort. — A sa femme.*) Pourquoi as-tu fait mettre à la bonne ce petit tablier de dentelles? Elle est beaucoup trop bien habillée...

AUGUSTINE

Tout ça, c'est très fâcheux.

MADAME RACOSSE

Mais non, on peut toujours trouver des raisons.

MONSIEUR RACOSSE

Lesquelles? Lesquelles?...

RENÉE

Et moi, qu'est-ce que j'aurai à dire?

MONSIEUR RACOSSE

Eh bien, que tu as toujours vécu très simplement... Ne parle pas de notre auto, surtout.

AUGUSTINE

Avec ça, qu'ils ne se sont pas renseignés!

MONSIEUR RACOSSE

Qu'est-ce que je vais leur dire?...

MADAME RACOSSE

Enfin, il ne faut pas les faire attendre si longtemps! Sonne.

MONSIEUR RACOSSE, *il sonne*

Qu'est-ce qu'il va falloir inventer?...
      (*La bonne fait entrer deux jeunes gens.*)

POMIN

Je me présente moi-même; Monsieur, Mesdames, Mademoiselle... : Georges Pomin, fabricant de caoutchouc... Mon ami, le poète Enguerrand Durand, dont vous avez sans doute lu les vers.

MADAME RACOSSE

Certainement! certainement!

POMIN

Enguerrand Durand est le fils de M. Durand, le fabricant de chaudières à vapeur.

MONSIEUR RACOSSE

Oh! je connais, je connais!

POMIN

Est-ce que je pourrais, Monsieur, avoir avec vous quelques instants d'entretien?

MONSIEUR RACOSSE

Oui, Monsieur. Devant ces dames?

POMIN

Eh bien, d'abord en particulier, si vous voulez! Pendant ce temps, ces dames pourront faire visiter à mon ami votre jardin d'hiver dont on m'a parlé!

AUGUSTINE, *bas à Racosse*

Attention!

MONSIEUR RACOSSE

Tu penses!

ENGUERRAND DURAND

Alors, Mademoiselle veut bien que je l'accompagne?

RENÉE

Avec plaisir, Monsieur...

MADAME RACOSSE

Eh bien! nous sortons...
        (Sortent les trois dames et Enguerrand Durand.)

MONSIEUR RACOSSE, *à Pomin*

Je vous dirai que la maison que nous occupons, nous l'avons dans la famille depuis 1840!... Mon grand-père l'avait achetée pour un morceau de pain. Alors, il y avait un jardin que nous avons couvert et nous en avons fait un jardin d'hiver.

POMIN

Mais ça vaut de l'argent tout ça!

MONSIEUR RACOSSE

Ça vaut de l'argent, mais ça ne rapporte rien. De ce chef, mon revenu est nul.

POMIN

Vous avez de bien beaux tableaux, dans votre petit salon!

RACOSSE, *confidentiellement*

Je vous indiquerai le nom du petit peintre qui nous fait ces tableaux. Il a attrapé la manière des grands maîtres...

POMIN

J'ai vu votre auto dans la cour, vous avez une bien belle voiture...

RACOSSE

C'est une voiture que nous avons gagnée au Bal des Petits Lits Blancs... Nous ne sortons jamais, pour économiser l'essence. (*On frappe.*) Entrez!

LA BONNE

Monsieur, on a sonné au téléphone, mais j'ai dit que Monsieur n'y était pas.

RACOSSE

Ça va bien, ça va bien! (*Sort la bonne.*) Vous trouvez que la bonne est gentiment habillée? Ce n'est pas nous qui l'avons habillée comme ça. C'est la reine des femmes de chambre de l'arrondissement. Alors le maire lui a donné un très gentil costume.

POMIN

Monsieur, vous savez pourquoi je veux vous entretenir.

RACOSSE

Monsieur, je suis un tout petit bourgeois, très honnête homme. Il se peut qu'on vous ait donné sur moi des renseignements trop favorables. Je sais évidemment qu'il ne s'agit pas d'un mariage d'amour puisque vous ne connaissiez pas ma fille. Alors je dois vous prévenir honnêtement que ma situation ne me permet pas de donner la moindre dot.

POMIN

Vous avez quatre immeubles...

RACOSSE

Hypothéqués, hypothéqués, Monsieur! Il y a des hypothèques jusqu'au-dessus des toits!

POMIN, *après un silence*

Eh bien! Monsieur, je vous remercie de m'avoir parlé avec une telle franchise. Je vais vous parler sincèrement. Comme vous l'avez dit, il ne s'agit pas d'un mariage d'amour. Je suis obligé, étant donné l'extension que je veux donner à ma maison, de m'unir à une jeune fille dont la fortune me permettra de doubler la mienne. Je crois qu'il vaut mieux que je me retire.

RACOSSE

Vous n'attendez pas votre ami?

POMIN

Si, ou plutôt non... Vous lui direz que je suis descendu parce que mon père m'attendait en auto au coin de la rue, pour faire la démarche définitive. Alors, je vais le prévenir tout de suite qu'il peut rentrer chez lui...

RACOSSE

C'est bien, Monsieur, c'est très bien.

POMIN

Au revoir, Monsieur.

RACOSSE

Je vais vous reconduire...

POMIN

Inutile, Monsieur, inutile. J'ai très bien vu le chemin.

(Il sort.)

RACOSSE, *seul*

Je l'ai eu.

(*Entre Enguerrand Durand.*)

ENGUERRAND, *dans l'exaltation*

Monsieur, ma démarche va vous surprendre, mais je dois vous demander ceci au préalable : est-ce que vous êtes d'accord avec M. Pomin?

RACOSSE

Non, Monsieur. Il vient de s'en aller. Je l'ai mis au courant de ma situation véritable...

ENGUERRAND

C'est ce que je pensais! Je connais ses sentiments et je savais très bien que lorsqu'il se trouverait en présence de la vérité, il quitterait cette maison. Moi, Monsieur, je suis un tout autre homme. Au cours de la conversation que j'ai eue avec votre fille et ces dames, il m'est apparu soudain que ma destinée était dans votre famille. J'ai toujours rêvé d'épouser une jeune fille, pauvre, jolie, bien élevée et qui, grâce à ma fortune personnelle, pourrait mener une vie confortable. Foin des mariages utilitaires et vive l'union romantique de deux cœurs! Voulez-vous m'accorder la main de votre fille? Je suis d'ailleurs d'accord avec elle.

> (*Il se tourne vers la porte. Entre précisément Renée Racosse qui, d'un geste simple, met sa main dans la main d'Enguerrand Durand. Entrent peu après Mme Racosse et Augustine.*)

MADAME RACOSSE

Nous sommes au courant et j'approuve, en ce qui concerne, les projets de ma fille.

RACOSSE

Eh bien! je suis bien obligé d'approuver aussi, étant donné la situation de ce jeune homme et la haute réputation de la maison Durand (chaudières à vapeur). (*A demi-voix, à Augustine.*) Mais que dira ce poète quand il apprendra que nous avons de la fortune?...

AUGUSTINE, *de même*

Il se fera une raison.

La Sacoche

PIÈCE EN UN ACTE

PERSONNAGES

EMILE, garçon de banque.
ADRIEN, cambrioleur.
UN COMPLICE.
LE CHEF DES AGENTS.
AGENTS.

La Sacoche

EMILE, *en uniforme de garçon de banque*

Si j'ai la mine déconfite,
C'est pour d'assez graves raisons :
J'arrive à l'instant de Maisons...
Pas de Maisons-Alfort, mais de Maisons-Laffitte...
... Pour fuir un avenir, hélas! plein de noirceur,
Je suis venu tout droit au bord de ces eaux mornes.
Car, bien que de métier on soit un encaisseur,
Le pouvoir d'encaisser a quelquefois des bornes!
Me voici ruiné sans espoir, et failli!
Et pour qui, Dieu puissant? Pour une cuisinière
Qui m'affolait d'amour la semaine dernière,
Et dont le jeune fils est lad à Chantilly...
Connaissant — prétend-il — leurs coups qu'ils font sous
       L'indésirable compagnon   [roche,
M'a dit d'aventurer le fond de ma sacoche
Sur un pâle outsider dont je maudis le nom...
      Quittons l'existence traîtresse...
    (Il s'avance jusqu'à la berge.)
Je tombe de sommeil autant que de détresse...
    (Songeur.)
Mais sur les sombres bords trouve-t-on le repos?
Le repos éternel, est-ce un bobard de l'homme?
Je crois qu'il est prudent de faire un petit somme,
Afin à tout hasard d'être au moins plus dispos...
    (Reculant jusqu'à un remblai.)
    Un sort bénin a garni d'herbe tendre

                    Le doux versant de ce talus,
                    Où sans tarder je vais m'étendre...
        Puis, sitôt réveillé, j'irai, sans plus attendre,
        Dans la direction des infernaux palus...

                (Il s'étend et s'endort d'un sommeil profond.)

                ADRIEN, *entrant en scène, un portefeuille à la main*

        L'audace des bandits est vraiment sans limite !
        En quel temps vivons-nous ? La police est un mythe !
                    A quatre heures dix, en plein jour,
        Mon pote et moi, dans le plus bruyant carrefour,
        Nous avons mis à sac une bijouterie...
        Aussi tranquillement qu'on prend des numéros
        D'autobus... Et pourtant, croyez-moi, je vous prie,
        Je suis un être simple, et n'ai rien d'un héros...

                    (Il médite.)

        Le bijoutier, couvert par la forte assurance,
        Considère sa perte avec indifférence...
        La Compagnie... y voit une publicité
                    Parfaite et des plus légitimes,
        Grâce à quoi son papier déjà très haut coté,
                    Atteindra de plus hautes cimes...
                    Quant à mon brave recéleur,
        Qui m'a pris ces bijoux au tiers de leur valeur,
        Sa joie était vraiment touchante...
                    Enfin moi, je m'en trouve bien,
                    Car l'affaire reste excellente,
        Vu la modicité de mon prix de revient...

                *(Il se dirige vers le talus, et aperçoit Emile qui
                    continue à dormir lourdement.)*

        Que vois-je ? Un encaisseur ?
                    (Avec attendrissement.)

                            Dormeur plein d'innocence,

Que ton destin narquois sur ma route a conduit!
    Décidément la Providence
    Me gâte en ce jour d'aujourdhui...
Voyons cette sacoche... Hé! le diable m'emporte!
Elle est vide! Ceci me semble assez vexant...
    Vraiment la concurrence est forte,
Et je ne croyais pas cet endroit si passant,
... Déception! Tant pis!
      (On entend un bruit de pas.)
          Qui vient là?... Mon complice?
Il a l'air agité...

LE COMPLICE

    Pet! pet! C'est la police!
Il en vient par la gauche et par la droite aussi!...
    Pas moyen de filer d'ici...

ADRIEN

C'est bien pour nous?

LE COMPLICE

    Pour nous ou pour d'autres personnes,
Ce n'est jamais, crois-moi, des rencontres fort bonnes...
Surtout quand on n'a pas un casier des plus blancs...

ADRIEN, *hochant la tête*

    Et puis, ce dormeur imbécile,
— Pour peu que ces vieux flics aient le soupçon facile —
Pourrait leur inspirer des pronostics troublants...
Il est des cas où le sacrifice s'impose...
    Il faut faire la part du feu,
Et que dans la sacoche on trouve quelque chose...
    (Il prend des billets dans une grosse liasse.)

Dix billets sur cent vingt (*Avec un soupir*)
                         C'est beaucoup... (*Sagement*)
                                      Et c'est peu...
        (*Il garnit rapidement la sacoche d'Emile.*)

                    LE COMPLICE, *bas*

Les flics!

        ADRIEN, *allant au-devant des hommes de police*

            Ah! c'est le Ciel, messieurs, qui vous envoie!
Nous avons découvert sur le bord de la voie
Cet homme qui dormait...

                    LE CHEF, *sentencieux*

                            Avec un verre en trop
Probablement... Quel est ce drôle de pierrot?
Si l'on était méchant, un rapport à la Banque...
Et nous ferions sacquer ce garçon à la manque...
Mais regardons... Sans doute on l'aura détroussé.
        (*Il visite la sacoche.*)
Non! voici (*Il compte*) dix billets... Ils n'auraient rien
                                              [laissé.

                    ADRIEN, *déférent*

Vous n'avez plus besoin de nous, messieurs?
                                        [C'est l'heure
        Où l'on commence à s'affamer.
La soupe et la patronne, en notre humble demeure,
Toutes deux à l'envi sont en train de fumer...

                    LE CHEF

Allez...
        (*Adrien et son pote ne se le font pas dire deux
        fois.*)

LE CHEF, *réveillant le dormeur*

Que fais-tu là?
(*Emile le regarde éberlué.*)
Ton nom?

ÉMILE, *balbutiant*

Durand, Emile...
LE CHEF

Alors quoi? C'est une façon
De venir roupiller par ici, mon garçon?
Avec ton maroquin plein de billets de mille!

ÉMILE

Hélas, ils n'y sont plus!

LE CHEF

Comment? Ils n'y sont plus?
Je viens d'en compter dix, sans que tu te réveilles!

ÉMILE, *comptant à son tour*

Huit... neuf... dix... Dix billets! Merveille des merveilles!
(*A part.*)
Je n'en avais que sept!
(*Il est resté assis sur le remblai.*)

LE CHEF

Tu tiens à ce talus?
Je dois te prévenir que la route est peu sûre.

8

ÉMILE

Je vais rentrer chez moi.

LE CHEF

            Sois très heureux, mon fieu,
Qu'on étouffe ton aventure.

ÉMILE

Merci, messieurs. Bonsoir !

LE CHEF

            Bonsoir !

ÉMILE, *au public*

                        Je crois en Dieu...

STANCES

Le Seigneur est trop bon pour notre humaine engeance...
        Si je me plaignais, j'aurais tort...
Mais je pense à part moi que, dans son indulgence,
        Il va cette fois un peu fort...

Cependant ses desseins sont assez pénétrables
        Pour qui s'astreint à réfléchir :
Il veut, en nous tendant des mains trop secourables,
        Nous avoir par le repentir...

J'ai bu la Vérité de la divine source....
Et je jure, animé d'esprits tout différents,
De jouer désormais au plus cent sous par course,
... Sauf le jour du Grand Prix où je mettrai dix francs.

La Partie de Bridge

PIÈCE EN UN ACTE

PERSONNAGES

Dergos.
Ludor, assureur.
Martin, publiciste.
Rabon, boursier.
Le Docteur.
Mme Dergos.

La Partie de Bridge

SCÈNE PREMIÈRE

*Un petit salon assez élégant au milieu de la scène, une
table de bridge est dressée, chaises pour la table.*

DERGOS, MADAME DERGOS

DERGOS *est étendu sur une chaise longue*

Ah... (*Il gémit.*) Ah, ça ne va pas, ça ne va pas!

MADAME DERGOS

Pourquoi n'as-tu pas voulu que je leur téléphone de
ne pas venir?

DERGOS

Ah! c'était impossible, ils comptaient dessus, il y a
une grande soirée de bridge chez les Alstoff et ils l'ont
lâchée pour venir ici.

MADAME DERGOS

Parce qu'ils aiment mieux jouer au bridge entre hommes et avec des partenaires qu'ils connaissent.

DERGOS, *gémissant*

Ah... Ah... Que ce soit pour cette raison là ou pour
une autre, il n'était pas possible de les contremander.

MADAME DERGOS

Mais si tu ne peux pas jouer?

DERGOS

Qu'est-ce que tu veux? j'essaierai. Ces coliques néphrétiques, c'est abominablement douloureux, mais tout de même, ça vous laisse du répit. Ça va peut-être se calmer d'une minute à l'autre.

MADAME DERGOS

C'est de la folie de ne pas te coucher.

DERGOS

Tiens, les voilà qui sonnent. Ecoute, tu devrais venir dans la chambre et tu me frictionnerais un peu les reins avec un linge chaud, ça me réussit quelquefois.

> (*Ils sortent. La bonne introduit trois hommes, l'assureur Ludor, le publiciste Martin et le boursier Rabon.*)

LA BONNE

Ces messieurs voudront bien attendre un instant. Monsieur n'est pas bien portant ce soir.

LUDOR

Mais qu'est-ce qu'il a?

RABON

Je l'ai vu à la Bourse cet après-midi.

MARTIN

Je l'ai rencontré sur le boulevard.

LA BONNE

Ben, Messieurs, vous savez, je crois que c'est une crise comme qui dirait néphrétique, ça vient brusquement, ça ne prévient pas son monde. Si ces Messieurs veulent bien s'installer, monsieur ne va pas tarder à venir. (*Elle sort.*)

LUDOR, *s'asseyant*

Ah... Ah... J'espère qu'il ne va pas nous louper notre partie, nous avons lâché notre taxi et dans ce quartier perdu nous n'en trouverons jamais un pour aller chez les Alstoff.

RABON

A l'autre bout de Paris.

(*Entre madame Dergos. Saluts.*)

J'étais sur le point de vous faire téléphoner, messieurs. Alfred n'est pas bien du tout.

LUDOR

Oui, nous savons. Enfin ce n'est pas bien grave, la semaine dernière, je l'ai fait assurer sur la vie et l'examen médical a été excellent.

MADAME DERGOS

Oui, je sais que ce n'est pas grave, mais c'est bien douloureux.

RABON

Des douleurs néphrétiques, on ne sait jamais combien
de temps ça durera, quelquefois une demi-heure, quelquefois toute une semaine.

MARTIN

Espérons que ça ne durera pas longtemps aujourd'hui.

MADAME DERGOS

Il a la tête lourde, il a la fièvre.

RABON

Eh bien, il ferait mieux de venir jouer tout de suite,
ça le distraira. C'est une excellente médication.

MADAME DERGOS

Je crois que le voilà.
        (*Entre Dergos.*)

DERGOS, *courbé en deux*

Je vous demande pardon, ce sont mes reins. J'étais
tranquille, depuis quelque temps et puis, voilà...

RABON, *l'interrompant*

Oui, oui, votre femme nous a dit tout ça. On a tiré
pour vous, vous êtes avec moi et Ludor est avec Martin. Nous avons affaire à forte partie. Il va falloir
ouvrir l'œil.
        (*Ils se mettent à table, Dergos toujours gémis-
        sant.*)

RABON, *avec autorité*

Ne vous plaignez pas comme ça tout le temps, ça agace votre mal.

> (*Pendant ce temps, Dergos a donné les cartes,
> ils annoncent.*)

DERGOS

Un sans atout.

LUDOR

Je passe.

RABON, *partenaire de Dergos*

Je ne dis rien.

MARTIN, *partenaire de Ludor*

Deux cœurs.

DERGOS

Alors, je n'insiste pas.

LUDOR

Deux cœurs, c'est bon pour moi.

MADAME DERGOS *s'est assise à côté de son mari,
inquiète*

Comment te sens-tu, Alfred?

RABON *avec autorité*

Il va mieux, moi je dis deux sans atout.

MARTIN

Alors trois cœurs !

> (*L'enchère en reste là. On joue pour trois le-
> vées à cœur. Dergos paraît languissant. Le
> coup est terminé. Martin a fait ses trois le-
> vées à cœur.*)

RABON à *Dergos sévèrement*

Alors, puisque c'est joué, permettez-moi de vous faire
une observation, je vous avais cependant bien indiqué
qu'il fallait m'envoyer trèfle, ça a une importance
énorme, je vous passais la main, il ne faisait pas son
compte de levées.

DERGOS

Pardonnez-moi, mon cher, vous savez, il y a des
moments où je ne vois positivement plus clair.

MADAME DERGOS

Tu ferais mieux de t'excuser auprès de ces messieurs,
tu n'es pas bien, tu n'es pas au jeu, ce sera plutôt désa-
gréable pour eux de jouer dans ces conditions.

RABON, *vivement*

Mais non, mais non, il va se remettre.

LUDOR

Et puis nous l'aurons chacun notre tour.

DERGOS, *plaintif*

Ah, ça ne va pas, ah, ça ne va pas...

> (*Il se lève douloureusement, suivi par madame
> Dergos. Il se dirige vers sa chambre, les
> trois joueurs restent seuls.*)

RABON, *décidé*

C'est bien simple, il n'y a qu'à filer chez les Alstoff.

MARTIN

Filons.

LUDOR

Filons.

> (*Au moment où ils se lèvent, rentre madame
> Dergos.*)

Ah, messieurs, je suis inquiète, je suis inquiète. D'ordinaire il est congestionné, aujourd'hui il est tout blanc.

LUDOR

Ça ne veut rien dire, ça ne veut rien dire, ne vous frappez pas, nous allons vous laisser, madame, nous sentons que nous vous encombrons.

MADAME DERGOS, *suppliante*

Ah, messieurs, restez encore un peu, j'ai envoyé chercher notre médecin qui habite la maison à côté; si on le trouve chez lui, ce sera bien, sinon, ce sera affolant d'être seule.

> (*Les trois hommes se regardent, ils se font signe
> qu'il n'y a pas moyen de faire autrement.*)

RABON, *résigné*

Bien, madame, à votre disposition.

LUDOR

Attendons.

MARTIN

Attendons.

(*Ils se rassoient en silence.*)

MADAME DERGOS

Je vous remercie, Messieurs.

(*Elle sort.*)

RABON

Une petite partie à trois?

LUDOR

Ah non, non, je ne joue pas à trois, ce n'est plus
du bridge.

RABON

D'ici que ce docteur arrive.

LUDOR

Elle a dit qu'il était dans la maison à côté.

MARTIN

Oui, mais le trouvera-t-on chez lui?
(*On sonne.*)

RABON

Le voilà, deux minutes et on va pouvoir s'en aller.

MARTIN

Ah! on peut partir tout de suite.

LUDOR

Non... non... c'est tout de même difficile de ne pas
attendre la fin de la visite; il faut que nous nous intéres-
sions à ce qu'aura dit le médecin.

RABON

Attendons.

> (*Quelques instants après, le docteur ayant passé
> dans la chambre du malade, entre dans le
> salon avec madame Dergos qui lui présente
> les trois joueurs.*)

MADAME DERGOS

Des amis de mon mari qui étaient justement venus
passer la soirée.

LE DOCTEUR, *sévèrement*

Oh! il faut qu'il se repose, il vaudrait mieux qu'il
n'y ait pas trop de bruit dans la maison.

RABON

Nous allons nous en aller, docteur.

MADAME DERGOS

Je vous en prie, Messieurs, attendez encore un peu.
(*Au docteur.*) Est-ce que vous ne pensez pas, docteur,
qu'on pourrait lui faire une piqûre de morphine?

LE DOCTEUR

Oh! je n'en suis pas partisan du tout. Je sais bien
que la morphine ne gêne pas le travail d'expulsion des
calculs, mais j'ai toujours été opposé au principe de
piquer les malades. Non, non, des enveloppements chauds.

MADAME DERGOS

Docteur, vous allez vous en aller tout de suite?

LE DOCTEUR

Oui, madame, je suis obligé d'aller voir un malade.
J'allais sortir quand votre bonne est arrivée.

MADAME DERGOS

Notre petite bonne qui ne sait rien... Notre vieille
domestique qui le soigne si bien est justement dans son
pays, en ce moment. La femme de chambre et moi nous
sommes si maladroites.

LE DOCTEUR

Mais non, madame, vous êtes très adroite. Allons,
allez commencer l'enveloppement, je puis attendre encore
cinq minutes, mais pas plus.

(Elle sort.)

RABON

Vous n'êtes pas inquiet, docteur?

LE DOCTEUR

Pas précisément, mais enfin, c'est un homme à sur-
veiller.

MARTIN

Des coliques néphrétiques, on dit que c'est douloureux, mais que ce n'est pas très, très dangereux?

LE DOCTEUR

Non, non, s'il n'y a pas de complications. (*En regardant les cartes.*) Il allait faire sa partie avec vous?

RABON

Oui, docteur, une partie de bridge, vous ne connaissez pas ça?

LE DOCTEUR

Pensez-vous, pendant les quatre années où j'ai été mobilisé, oh! nous en avons fait des parties à l'hôpital où j'étais. Le médecin chef était de premier ordre, et il y avait là un pharmacien major pas mauvais non plus, mais notre maître à tous, c'était un petit lieutenant d'artillerie hospitalisé. Oh! nous avons été très ennuyés, quand il a été remis, qu'il a dû nous quitter. Heureusement, il se trouvait qu'il était cardiaque, alors on a pu prolonger son séjour un peu plus longtemps.

RABON

Vous jouez le bridge plafond?

LE DOCTEUR

Oh! je joue tout ce que vous voudrez, je connais toutes les sortes de bridge... J'ai joué même la semaine dernière avec de vieux joueurs, qui s'en tiennent au vieux bridge aux enchères, sans plafond.

RABON

Oh! docteur, vous devez certainement préférer le bridge plafond.

LE DOCTEUR

Bien entendu.

MARTIN

Ça ne vous dit rien?

LE DOCTEUR

C'est que...

LUDOR

Ah oui, vous disiez que vous aviez à voir un autre malade.

LE DOCTEUR

Oh! il ne s'agit pas d'un cas très, très urgent...
			(*Il regarde silencieusement la table à jouer.*)

MARTIN, *engageant*

Nous jouerons au taux qui vous plaira.

LE DOCTEUR

Oh! je crois que je puis me défendre à n'importe quel taux.

LUDOR

Dix centimes le point?

LE DOCTEUR

C'est un taux raisonnable, on peut perdre quatre ou cinq cents francs, si on ne voit pas de jeu.

RABON

Alors on s'installe tout de suite.
(*Ils s'installent au moment ou entre madame Dergos.*)

MADAME DERGOS

Docteur, j'ai tout ce qu'il me faut pour les enveloppements, la flanelle, l'ouate.

LE DOCTEUR, *l'interrompant*

Très bien, très bien, eh bien! commencez donc ça tout de suite avec la bonne et, pour vous tranquilliser, je resterai encore ici quelque temps.

RABON

Oui, nous ne vous laisserons pas seule.

LUDOR

Et surtout ne vous occupez pas de nous.

MARTIN

La bière est là, nous en profiterons si nous avons soif.

LUDOR

On se servira tout seul.

RABON

Et ce qui serait gentil, quand vous aurez fait vos enveloppements, très gentil, et très raisonnable, ce sera d'aller vous coucher.

MADAME DERGOS

Vous êtes gentils aussi, messieurs.
> (*Elle sort, la partie s'engage. Au bout d'un cer-
> tain temps, on entend des gémissements.*)

RABON

C'est lui qui se plaint comme ça ?

LE DOCTEUR, *relevant son jeu*

Oui, c'est très douloureux.

LUDOR, *après avoir regardé son jeu*

Moi, je passe.
> (*On entend des gémissements.*)
Si on allait dans son bureau, ce serait plus loin de sa
chambre et on le gênerait moins.

MARTIN

Je passe aussi. Non, dans le bureau, la lumière est
impossible.

LE DOCTEUR

Deux levées à carreau.

RABON

Je dirai deux sans atout.

LUDOR

Moi je ne dis rien. (*Gémissements.*) Comme il se
plaint, comme il se plaint!

RABON

C'est atroce d'entendre des cris comme ça.

MARTIN

Malgré soi, on est influencé, on n'est pas à son jeu.

LUDOR, *au docteur*

C'est si mauvais que ça, docteur, les piqûres de morphine?

LE DOCTEUR

Mauvais, mauvais, on ne peut pas dire que ce soit très mauvais. Mais, vous savez, il y a deux écoles.

LUDOR

C'est déjà un si grand point d'empêcher les gens de souffrir.

(*Entre madame Dergos.*)

MADAME DERGOS

Docteur, écoutez, je le trouve de plus en plus mal.
(*Le docteur se lève.*)

LE DOCTEUR

Je vois ce qu'il faut... Pour vous faire plaisir, nous allons lui faire une petite piqûre. (*Aux joueurs.*) Moi je dis quatre levées à carreau... et je reviens dans un instant.

RIDEAU

L'Étrangleuse

Jouée à la Boîte à Fursy.

PERSONNAGES :

Florestine .... Mlles Marguerite DEVAL
La Comtesse .... Charlotte LYSÈS.
Le Grand Bibi........... MM. MEVISTO.
Benoît .... Henry DEFREYN
Le Comte .... CAZA

L'Étrangleuse

La scène représente le boudoir de la Comtesse. A gauche, un petit paravent. Au lever du rideau, la Comtesse de La Roche-Gaston est seule en scène.

SCÈNE PREMIÈRE

LA COMTESSE, *sonnant à un téléphone*

C'est insupportable!... Voilà une demi-heure que je demande cette communication... Il me la faut pourtant. (*Elle sonne.*) Ce soir, ce sont des hommes qui font le service de ce bureau... Ils répondent encore moins.
(*Entre Florestine.*)

SCÈNE II

LA COMTESSE, FLORESTINE, *puis* BENOIT

FLORESTINE

Madame la Comtesse a sonné?

LA COMTESSE

Je m'impatiente avec ce téléphone... Voilà une demi-heure que j'y fatigue mes mains de patricienne et mes longs doigts fuselés.

FLORESTINE

C'est curieux! L'appareil marchait pourtant très bien
cet après-midi... C'est à n'y rien comprendre...

LA COMTESSE

J'aurais voulu dire à ma mère que le Comte était
parti jusqu'à demain. Faites donc venir Benoît, ce vieux
serviteur de ma famille, qui a vu naître mon grand-
père... et qui se trouve habiter seul avec moi dans ce
corps de bâtiment, mon cocher et mon valet de pied étant
relégués au fond du jardin.

FLORESTINE

Votre vieux serviteur, madame la Comtesse, avait
deviné votre désir, car le voici venir, courbé par l'âge.

LA COMTESSE

Approchez, Benoît... Il se passe des choses singu-
lières avec le téléphone. Je sais très bien que vous n'êtes
pas très familiarisé avec cette invention moderne, puisque vous aviez déjà passé quatre-vingts ans lors des
premières applications de cette découverte.

BENOIT

Oui, madame la Comtesse, j'ai quatre-vingt-dix-sept
ans. J'ai vu la Grande Révolution.

LA COMTESSE

Vous devez faire erreur, car pour avoir vu la Grande
Révolution, il vous faudrait en plus au moins un demi-
siècle, et vous n'avez pas besoin de ça.

BENOIT

Madame, vous n'allez pas m'apprendre ce que j'ai vu. Placez la Grande Révolution où vous voudrez, c'est votre affaire. Pour moi, j'y ai été, et je m'en souviens comme si c'était hier. Il y avait Robespierre, Danton, le général Boulanger, qui m'ont parlé comme c'est que je vous parle. Et Bismarck était là aussi, qui faisait le siège... Ah! la Grande Révolution!... Maintenant, pour ce qui est de votre téléphone, s'il ne marche pas, c'est que le fil a été coupé. On a creusé cet après-midi dans le jardin, et on a coupé le fil. C'est probablement des malfaiteurs...

FLORESTINE, *à part*

Grands dieux! Il s'en est aperçu!

LA COMTESSE, *riant*

Vous voilà encore, vieux poltron, avec vos idées de malfaiteurs. Il n'y a pas de malfaiteurs. Je n'ai pas peur, moi, je suis une arrière-petite-fille de preux. Je suis une sang-bleu.

BENOIT

C'est égal, c'est bien imprudent de laisser constamment dans votre armoire huit cent mille francs de bijoux. Chaque soir, ça me travaille, ces idées-là! En bas, à l'étage au-dessous, je me remue dans mon lit, et je me dis : « C'est peut-être ce soir qu'on l'assassine! » Je ne suis tranquille que quand je vous entends chanter.

LA COMTESSE

Tranquillise-toi, mon vieux Benoît. Ce n'est pas

encore pour aujourd'hui. Comme il n'est pas trop tard, je descends avec toi vérifier quelques comptes de fermage, voir ce que deviennent nos terres, et si je pourrai cette année continuer à éblouir Paris de nouvelles robes somptueuses et de joyaux plus éclatants encore.

(Ils sortent.)

SCÈNE III

FLORESTINE, *seule, puis le* GRAND BIBI

FLORESTINE

J'ai cru qu'ils ne s'en iraient pas. C'est curieux, quand on est sur le bord du crime, quelle impatience fébrile on ressent. (*Au public.*) Placée dans cette maison il y a six mois, par la Société des Etrangleurs du grand Monde, j'ai épié, jour et nuit, minute par minute, les habitudes de la Comtesse. Je me suis insinuée dans sa confiance, et maintenant, ô triomphe de ma perfidie! l'heure est venue d'accomplir mon forfait. S'il ne s'était agi que de la Comtesse, je n'aurais pas eu besoin de complice. Autour de son frêle cou aristocratique, mes doigts plébéiens, noués avec vigueur, auraient fait joyeusement leur besogne de haine. Et son râle de mort aurait été une musique enivrante.

UNE VOIX, à *l'orchestre*

Oh! la poison!...

FLORESTINE

Mais, à ses cris, on aurait pu arriver, m'arrêter...
Alors j'ai prié la Société de m'adjoindre un bon ou-
vrier, le Grand Bibi du sixième. (*Ouvrant la porte de
gauche.*) Arrivez, le Grand Bibi.
(*Entre le Grand Bibi.*)

LE GRAND BIBI

Je vous demande pardon. Je suis fichu comme un
voleur. J'ai déménagé une villa, à la tombée de la nuit,
du côté de Billancourt. Et j'étais à peine rentré que je
trouvais ce mot de la Société où l'on me disait de prendre ma trousse pour un travail de nuit. J'ai trouvé la
porte de derrière ouverte. Et me voilà. Je n'ai même
pas pris le temps d'étudier le petit plan. (*Dépliant un
plan.*) C'est le jardin... Au bout du jardin, un autre
bâtiment.

FLORESTINE

Le concierge, le jardinier, le valet de chambre et le
cocher. Le jardin est très loin, et, de ces fortes mains
que voici, j'ai coupé les sonnettes. Le téléphone ne marche plus.

LE GRAND BIBI

Bien. Est-ce que de ce côté, il n'y a pas un poste
de police?

FLORESTINE

Les agents dorment, enivrés par un narcotique que je
leur ai fait verser par une de mes camarades du quartier. Le commissaire ne viendra pas les déranger cette
nuit. Un de nos affiliés l'a emmené à une répétition
générale et le fera souper avec lui jusqu'à quatre heures du matin.

LE GRAND BIBI

Dans la maison, la Comtesse seulement ?

FLORESTINE

Et un vieux domestique de quatre-vingt-dix-sept ans.
J'ai maintes fois essayé de le faire disparaître... Mais
il est inusable... Il avale de l'arsenic comme du sucre
en poudre. Un après-midi qu'il dormait, je lui ai versé
du plomb fondu dans la bouche; il l'a recraché en
disant : « Quelle sale blague! » et n'en a gardé qu'un
tout petit peu pour garnir ses dents creuses...

LE GRAND BIBI

Je l'étranglerai.

FLORESTINE

Il a si peu de souffle qu'il n'a presque pas besoin de
respirer. Il faudrait lui presser le cou pendant vingt-
quatre heures.

LE GRAND BIBI, *tirant un grand couteau, avec un soupir*

Alors le surin s'impose. Je déteste en venir là, parce
que ça fait du gâchis et que ça abîme les effets. C'est
vrai, je déteste ça. J'en suis à ma trente-huitième opé-
ration, mais j'en ai bien fait une trentaine à sec!...

FLORESTINE, *le regardant*

C'est curieux. D'abord, vous êtes effrayant, et, au
bout d'un instant, vous paraissez très gentil. A vous
voir, on dirait que vous ne feriez pas de mal à une mouche...

LE GRAND BIBI

Et on aurait raison. Je ne vois pas l'utilité de faire du mal à une mouche. Je ne fais pas le mal par plaisir; je le fais uniquement par intérêt. Mais le métier me dégoûte, si vous voulez mon opinion. On a beau être aussi propre que possible, c'est tout de même répugnant. Et puis, c'est dangereux. Si vous avez une petite écorchure, il n'en faut pas plus pour attraper une maladie... Enfin, s'il faut tout vous dire, quand j'étais jeune, je faisais ça sans y penser. Maintenant, j'ai près de quarante ans... Je commence à me dire que j'ai tort de tuer,... que ce n'est pas bien. Je n'oublie plus mes crimes aussi facilement. Je ne digère plus mes remords. Je n'ai pas de remords pour il y a vingt ans, parce que c'est trop loin; mais toutes mes victimes plus récentes, je les revois quelquefois en dormant, et ça ne me fait pas plaisir.

FLORESTINE

C'est l'estomac.

LE GRAND BIBI

Peut-être bien.

FLORESTINE

Ou de la suggestion ce qui s'appelle.

LE GRAND BIBI

Que ce soit ceci ou cela, c'est embêtant. Si je trouvais une bonne petite place dans les tramways ou dans les chemins de fer, je lâcherais tout le bazar.

FLORESTINE

Ça peut se trouver.

LE GRAND BIBI

D'autant plus que je n'ai pas de casier judiciaire. J'ai été deux fois à Clairvaux, mais sous un faux nom. (*Une horloge sonne.*)

FLORESTINE

Voici le premier coup de minuit. Madame ne va pas tarder à remonter. (*Le Grand Bibi attend.*) Qu'est-ce que vous attendez?

LE GRAND BIBI

J'attends le second coup de minuit. C'est toujours solennel... Hé bien? Minuit ne sonne pas?... C'est étrange... On dirait que l'horloge hésite... Est-ce qu'elle ne sonne pas plus vite d'ordinaire?

FLORESTINE

Si..., j'ai peur!... Quelqu'un aura arrêté le battant...

LE GRAND BIBI, *regardant sa montre*

Ce n'est que la demie de onze heures... (*A Florestine.*) C'est égal, nous n'avons pas la conscience tranquille.

FLORESTINE

Il faut nous concerter, car Madame, ce soir, peut remonter plus tôt... Voici le coffre-fort où sont enfermés les bijoux. Ce coffre-fort s'ouvre au moyen d'un mot... Comme Madame n'a aucune mémoire, elle a écrit ce mot sur un morceau de papier, qu'elle porte sur sa poitrine... Vous la prendrez par les épaules, et je l'étranglerai... Après ça, comme il faut que j'aie l'air d'être une victime, vous me ligoterez et vous me ferez une écorchure au gras du bras, à un endroit où la cicatrice ne me gêne pas trop pour me décolleter... Je vais voir à pas de loup si l'on ne vient pas par là...

(Elle sort à gauche.)

LE GRAND BIBI

Pauvre mignonne!... Je te ligoterai, et je te tuerai, toi aussi... C'est l'ordre de la Société des Etrangleurs, qui te trouve un peu bavarde et qui veut économiser ta commission. (*Rêveur.*) Un crime entraîne un autre crime. C'est assommant. C'est pour ça que n'importe quelle place de ramasseur de boues, je l'accepterais tout de suite, pour en finir avec ce métier écœurant, et... (*d'un ton décidé*) et déshonnête...

FLORESTINE, *rentrant précipitamment*

La Comtesse quitte la chambre de Benoît. Elle sera ici dans un instant.

LE GRAND BIBI, *se levant avec accablement*

Enfin!...

FLORESTINE

Un détail. On ne cherche pas à faire disparaître le cadavre?

LE GRAND BIBI

Mais non, voyons, nous laissons toutes les traces du crime. C'est pour ça que je suis obligé de vous ligoter... Et puis, moi, je ne sais pas faire disparaître les cadavres... J'ai toujours été un peu désordre...

FLORESTINE

Je pensais qu'on aurait pu le découper en morceaux...

LE GRAND BIBI

Je n'ai jamais su découper. Et puis que faire des morceaux?

FLORESTINE

S'ils sont petits et s'ils ne dépassent pas deux cent cinquante grammes, on peut les envoyer comme échantillons sans valeur dans différents bureaux de poste.

LE GRAND BIBI

C'est impraticable. D'abord, d'après ce que je sais de la Comtesse, c'est une femme qui, sans vêtements, doit faire dans les cent vingt. Allez donc ficeler deux cent quarante paquets. Il nous faudrait quatre employés... Non, je laisse tout ici et je vous ligote. Les ordres sont d'ailleurs formels.

FLORESTINE

La voici qui vient.

LE GRAND BIBI

Je me dissimule.

(Il passe à gauche, derrière un paravent.)

SCÈNE IV

LA COMTESSE, FLORESTINE, LE GRAND BIBI, puis BENOIT

LA COMTESSE

Florestine, je me déshabille!

FLORESTINE

Oui, Madame.
> (*Elle lui retire son corsage. La Comtesse apparaît bras nus.*)

LA COMTESSE

Oh! comme vous avez les mains froides!
> (*Elle chante.*)
>> Quand j'ai quitté la route,
>> J'ai suivi le ruisseau
>> Et j'étais aux écoutes!
>> Et chantaient les oiseaux!
>>
>> Chantez, la ridoucette,
>> La ridoucette, doucin,
>> Chantez, la ridoucette,
>> La chanson du matin.
> (*Florestine passe à gauche, cherche une mantille.*)

FLORESTINE, *au grand Bibi*

C'est maintenant?

10

LE GRAND BIBI

Attends un peu.

LA COMTESSE

Le prince de la plaine,
Parmi les arbrisseaux,
Apportait la verveine
Aux dames du château.

Chantez la ridoucette...
(*Parlé.*)
Qu'est-ce que vous avez à trembler comme ça, Flo-
restine ? Vous n'êtes pas malade ?
        (*Florestine fait non de la tête sans pouvoir par-
        ler.*)
Chantez la ridoucette,
La ridoucette, doucin,
Chantez la ridoucette,
La chanson du matin.
(*Riant.*)
Il faut que je chante pour rassurer ce pauvre Benoît,
qui ne me croirait plus vivante.

FLORESTINE, *au Grand Bibi*

Je ne me sens pas bien... Si on faisait ça une autre
fois ?

LE GRAND BIBI

Veux-tu te taire ! Allons-y tout de suite !

LA COMTESSE, *chantant, pendant que le Grand
        Bibi s'avance derrière elle*

Il arrive et s'élance
Au perron du château.
(*Le Grand Bibi lui prend les épaules pendant
que Florestine saisit le cou.*)

LE GRAND BIBI, à *Florestine*

Continue la chanson!

FLORESTINE, *tout en serrant le cou*

A ses doigts se balance
La fleur de l'arbrisseau.

Chantons la ridoucette,
La ridoucette, doucin,
Chantons la ridoucette,
La chanson du matin.

LE GRAND BIBI

Elle a les jambes raides. Elle ne bouge plus. Au coffre-fort maintenant. Où est le mot?

FLORESTINE, *prenant le papier dans le corsage
de la Comtesse et lisant* : « Coco ».

*(Le Grand Bibi va dans la salle à côté, suivi
de Florestine.)*

LA COMTESSE, *seule, se relevant au bout d'un instant*

Ce qu'il y a d'admirable, c'est que ça prend toujours avec les étrangleurs. Aussitôt qu'on raidit les jambes, ils vous croient morte, et ils vous lâchent. Ils sont en train d'ouvrir mon coffre-fort dans la chambre à coucher et d'emporter mes bijoux, qui sont tous faux. J'ai trouvé complètement inutile d'immobiliser huit cent mille francs de bijoux. Je les ai vendus, et j'ai acheté des terres à la place. Et on m'a fabriqué pour presque rien de très beaux bijoux faux qui font le même effet. (*Prenant un revolver dans la table de nuit.*) Ceci dit, remet-

tons-nous dans notre posture d'étranglée et attendons les
événements. C'est égal, je crois que je me séparerai tout
de même de ma femme de chambre. C'est ennuyeux de
renvoyer les gens... Mais elle comprendra...

LE GRAND BIBI, *entrant avec les écrins*

Eh bien, la récolte n'a pas été mauvaise. Et puis j'ai
trouvé à côté un chapeau très convenable, et un pardessus tout à fait bath. Me voilà monté pour la saison.

FLORESTINE, *entrant. Elle voit le divan
et se cache les yeux*

Oh! cette femme!

LE GRAND BIBI

Ne la regarde pas!

FLORESTINE

Elle m'a bien durement enlevée. Mais, maintenant
qu'elle n'est plus là, je ne lui en veux plus. Un jour,
ce qu'elle m'a attrapée, soi-disant que je lui avais chipé
un corsage! Je ne lui ai jamais chipé d'effets. Je ne lui
ai chipé qu'une bague en brillants qui lui venait de sa
mère : je l'ai donnée à la mienne.

LE GRAND BIBI

Comment se fait-il qu'avec un coffre rempli de
bijoux elle ne se méfiait pas plus que ça d'être fabri-
quée?

FLORESTINE

Elle avait un revolver dans sa table de nuit. Elle le
croyait chargé, mais il ne l'était pas A la place des

vraies cartouches, j'y ai mis des cartouches à blanc.
(*Mouvement de la Comtesse.*) Dis donc, Grand Bibi,
est-ce qu'elle ne va pas m'apparaître dans mes rêves
comme les victimes que tu disais?

LE GRAND BIBI

Non, tu n'auras pas de mauvais rêves, je te le garan-
tis. Ecoute, je ferais tout de même bien de m'en aller
avec mon bagage. Mais, auparavant, il faut que je te
ligote. Je vais faire semblant de t'étrangler. Je vais
tremper mes doigts dans la cendre pour bien les salir,
et je vas te les marquer sur le cou. Attends!
> (*Elle s'étend sur un fauteuil, masquée à la Com-
> tesse par le Grand Bibi.*)

FLORESTINE

Dis donc! Tu vas pas me faire mal au moins?

LE GRAND BIBI

N'aie pas peur!
> (*Il lui met les doigts autour du cou.*)

FLORESTINE

Dis donc! Dis donc! Il me semble que tu serres!

LE GRAND BIBI

C'est pour bien marquer les doigts, mon enfant!

FLORESTINE

Dis donc! Dis donc! (*Râlant.*) Aïe... au...
> (*La Comtesse, qui a suivi cette scène avec
> effroi, presse sur une trompe d'auto et la
> cache rapidement sous le coussin. Le Grand
> Bibi lâche Florestine et se lève effaré.*)

LE GRAND BIBI

Qu'est-ce que c'est?

FLORESTINE

Je ne sais pas!

LE GRAND BIBI

Une auto dans la chambre à côté!

FLORESTINE

Ce n'est pas possible, c'est dans la rue. (*Le regardant.*) Mais, sans cette automobile, tu serrais à m'étrangler...

LE GRAND BIBI

C'était pour te faire peur. Et, en admettant que je l'aie fait pour de bon, je ne le referais plus. J'ai entendu la trompette du jugement dernier. Quand on a mon âge et qu'on est à son trente-huitième crime, on commence à avoir de la religion... Attends!... Encore du bruit! Oh! je n'aime pas cette maison-là!... On est dérangé à chaque instant; moi, pour travailler, il me faut de la solitude.

FLORESTINE

C'est le vieux Benoît qui fait sa ronde.

LE GRAND BIBI

Eteins. (*Entre le vieux Benoît, très courbé, une bougie et un pistolet à la main.*) Qu'est-ce qu'il a à marcher comme ça?... Est-ce qu'il cherche une pièce de dix sous?

FLORESTINE

C'est un très vieux vieillard, ne plaisante pas.

LE GRAND BIBI

Tu ne m'as pas regardé, jamais je ne manquerai de respect à un vieillard. J'en ai tué quelques-uns quand l'occasion s'est présentée. Mais jamais je ne me suis moqué d'eux.

BENOIT, *s'approchant de la Comtesse*

J'avais cru entendre du bruit. Mais je me serai trompé. Elle dort paisiblement. J'avais pris un vieux pistolet à pierre. J'espère bien ne pas avoir à m'en servir.

(Il va pour s'en retourner.)

LE GRAND BIBI, *à Florestine*

Souffle-lui sa camoufle; moi, je vas lui placer ça dans le dos.

FLORESTINE

Encore un crime! Nous sommes sur une pente terrible. On ne peut plus s'arrêter.

> *(Elle souffle la lumière. Au moment où le Grand Bibi va frapper le vieillard, la Comtesse presse la trompe d'auto. Benoît tourne le bouton de l'électricité. La Comtesse est debout sur le divan, ayant à la main la trompe d'auto.)*

FLORESTINE

Ah! mon Dieu! mon Dieu! la morte qui joue de la trompette!

LE GRAND BIBI

Oh! quel chichi! C'est assommant de travailler dans
des conditions pareilles! Ce vieux centenaire va payer
pour tout le monde. (*A Benoît.*) Votre pistolet, tout de
suite!

BENOIT

Vous voulez mon pistolet? Pour le diriger contre
moi?

LE GRAND BIBI

Allons, donne!

> (*Il prend le pistolet et le braque sur le vieillard.*)

BENOIT

Vous allez voir l'héroïsme d'un vieux serviteur. (*Il
se redresse et se découvre la poitrine.*) (*A part.*) C'est
un vieux pistolet qui ne marche pas et qui va lui écla-
ter dans les mains.

LE GRAND BIBI

Tu vas mourir!

BENOIT, *héroïque*

Tirez! mais tirez donc!

LE GRAND BIBI, *tirant et lâchant le pistolet*

Aïe!... Qu'est-ce que c'est encore que cette bla-
gue-là? J'ai la main droite abîmée pour quinze jours.
(*Tombant découragé sur un fauteuil.*) Non, non, c'est
humiliant! Une femme, deux femmes que je voulais étrangler et que je manque. Un vieux débris qui n'a plus
qu'un reste de vie et que je ne peux pas arriver à ache-
ver. (*Pleurant.*) Je suis un homme fini!

FLORESTINE, *âprement*

Te décourage pas, Bibi. T'as ton surin et ta main gauche, tu peux y faire leur affaire à tous les deux.

LE GRAND BIBI

Ah! tonnerre, ça ne va pas traîner!

SCÈNE V

LES MÊMES, LE COMTE

LE COMTE, *entrant, le revolver à la main, suivi de deux serviteurs*

Ah! je savais bien qu'il y avait un homme chez la Comtesse! Et mon absence n'était qu'une ruse. (*Au Grand Bibi.*) Meurs!
> (*Il lui tire un coup de pistolet. Le Grand Bibi tombe. Florestine se jette sur son corps.*)

FLORESTINE

Ah! cruel patron, qu'as-tu fait? Qu'as-tu fait, singe implacable! Quelle monstrueuse erreur! Quelle monstrueuse erreur! Ce pauvre garçon n'a jamais flirté avec votre femme! Il venait ici simplement... (*fondant en sanglots*) pour l'assassiner! Ah! pauvre Grand Bibi, quelle fin tu fais! Toi que j'aimais, parce que tu étais sanguinaire et doux, te voilà disparu de ce monde! (*Elle pleure et se jette sur sa poitrine. Simplement.*)

D'ailleurs, il n'est pas mort..., il respire comme un bœuf.
La balle s'est aplatie sur son portefeuille .

LE GRAND BIBI, d'une voix faible

C'est égal, c'est triste d'avoir eu tous ces ennuis avec
ces victimes embêtantes et que Monsieur vienne encore
m'accuser de faire de vilaines choses.

FLORESTINE

Tu es sauvé, c'est l'essentiel.

LE GRAND BIBI

La balle s'est aplatie sur la photographie de ma
mère.

FLORESTINE, regardant la photographie

Oh! vénérable femme, avec sa coiffe bretonne!

LE GRAND BIBI

La coiffe des femmes de Lannion!

LE COMTE, tressaillant

La coiffe des femmes de Lannion!... Une femme de
cinquante ans, au moins?

FLORESTINE

Dans ces eaux-là.

LE COMTE

Une croix d'or sur la poitrine?

LE GRAND BIBI

Tu l'as dit.

LE COMTE, *maîtrisant son émotion.*

Pardonnez-moi, Comtesse. Ceci se passait avant que je vous aie connue. Un voyage en Bretagne..., une aventure... Donnez-moi cette photographie. (*Florestine la lui passe.*) Oh! ma belle jeunesse! (*Froidement, après avoir regardé la photo.*) Mais ce n'est pas elle. J'aurais dû m'en douter, car, autant qu'il m'en souvient, l'enfant était une petite fille.

FLORESTINE

Une petite fille? Mais je suis une enfant abandonnée!

BENOIT

Ce n'est pas vrai.

LE GRAND BIBI

Ça ne prend pas.

LE COMTE, *à la Comtesse*

Je ne peux pas livrer à la justice cet homme en qui j'ai failli tuer mon enfant.

FLORESTINE

D'ailleurs, à quoi ça servirait-il de nous punir?... Il faut plutôt nous moraliser.

LE GRAND BIBI

Je suis dégoûté du crime.

FLORESTINE

Oh! moi aussi... Nous allons monter une petite boutique de cartes postales, à Grenelle, avec nos petites économies...

RIDEAU

Un Garçon de Dix=Huit Ans

Saynète jouée en mai 1913 au Théâtre Sarah-Bernhardt

PERSONNAGES :

EUGÉNIE. . . . . Mme Sarah Bernhardt.

PROSPER, *son mari* . . . . M. Tristan Bernard.

ALBERT, *18 ans* . . . . Félix Grouillet.

Un Garçon de dix=huit ans

La scène est à Paris de nos jours; un salon cossu du seizième arrondissement.

Au lever du rideau, Prosper et Eugénie sont assis de chaque côté d'une table, Prosper lit son journal. Eugénie travaille à un ouvrage de dames.

Il est un peu moins de minuit.

PROSPER

C'était le 5 mars, te dis-je.

EUGÉNIE

C'était le 6.

PROSPER

Enfin, il faut toujours, toujours, que tu aies raison... c'est extraordinaire. Je t'affirme que c'était le 5...

EUGÉNIE

C'est bien simple, l'anniversaire de notre mariage, c'est le 3. Nous avons emménagé ici trois jours après notre anniversaire, l'année même de la naissance du petit, il y a dix-huit ans.

PROSPER

Je ne te dis pas le contraire. C'était il y a dix-huit ans, en effet, l'année de la naissance de notre garçon, mais ce n'était pas trois jours après notre anniversaire, c'était le 5...

EUGÉNIE

Je te dis que c'était le 6...

PROSPER

Tu me parles de ça, à moi qui m'en souviens comme
si c'était d'hier. Nous avons dîné chez tes parents, puisque la salle à manger n'était pas installée, et nous sommes
venus ici le 5 à dix heures du soir. Si ç'avait été après
minuit, tu pourrais chicaner...

EUGÉNIE

Je n'ai pas à chicaner, c'était le 6 à dix heures du
soir.

PROSPER

Ainsi maintenant, il est onze heures quarante, et nous
sommes le 7 janvier, dans vingt minutes, nous serons le
8 janvier.

EUGÉNIE

Tu es bien l'homme le plus entêté que j'aie jamais
connu. Je ne discute pas l'heure, je discute le jour...
D'ailleurs, je ne vois pas l'importance qu'il y a à ce que
nous ayons emménagé le 5 ou le 6. Je veux bien que
ce soit le 5... si ça te fait tant plaisir...

PROSPER

Il n'y a pas de si ça me fait plaisir. Je sais que c'est
le 5.

EUGÉNIE

Tu ne céderas jamais, avec ton caractère.

PROSPER

Mon caractère? Mais qu'est-ce que tu veux que ça
me fasse?... Je suis l'homme le moins entêté du monde.
Tu tiens à ce que soit le 6, mettons que c'est le 6.

EUGÉNIE

C'était le 6.

PROSPER

Elle est insupportable!

EUGÉNIE

C'est toi qui es insupportable... Tu me dis que tu consens à ce que ce soit le 6, et quand je te dis que c'est le 6, tu te fâches.

PROSPER

Allons, je ne me fâche plus. D'ailleurs, c'est l'heure d'aller se coucher. La bonne a allumé le feu chez toi il y a une heure, ta chambre doit être chaude.

EUGÉNIE

Et elle a ouvert les fenêtres dans la tienne, elle doit maintenant être fraîche.

PROSPER

Bonsoir, ma bonne femme...
(*Il s'éloigne vers la porte de droite.*)

EUGÉNIE

Bonsoir, mon vieux... Qu'est-ce que tu vas regarder dans la chambre du petit? Tu sais bien qu'il n'est pas rentré. Il ne serait pas rentré sans nous dire bonsoir, et il faut qu'il passe par ici pour aller dans sa chambre...

PROSPER

Je ne regardais pas, j'allais voir par là machinalement...

11

EUGÉNIE

Oh, écoute Prosper, tu ne vas pas te mettre à être inquiet. Ça lui arrive à Albert, de rentrer après minuit...

PROSPER

Bien sûr, ça lui arrive... Peut-être un peu moins ces temps-ci à cause de son examen...

EUGÉNIE

Oh! ce n'est pas ça qui le gêne pour sortir le soir. Et puis, il se laisse toujours entraîner par des amis.
Va te coucher, va...
    (*Prosper s'éloigne.*)

PROSPER, *allant bourrer sa pipe*

Je prends du tabac. (*D'un air détaché.*) Il a dit qu'il rentrerait tard ce soir?

EUGÉNIE

Non, non... c'est-à-dire qu'il l'a peut-être dit sans que je m'en sois aperçue.

PROSPER

Ou peut-être s'est-il figuré qu'il le disait. Tu sais qu'il est parfois distrait.

EUGÉNIE, *coupant court à cet entretien*

On va aller se coucher, va... Bonsoir, mon vieux!
    (*Ils vont chacun vers leur porte.*)

PROSPER

Bonsoir, ma femme!

EUGÉNIE

Oh! il est bête cet homme-là, il est bête!... il est inquiet et il n'ose pas le dire. Pourquoi veux-tu faire le malin avec moi?

PROSPER

Moi, inquiet?... elle est complètement folle! Quelle raison aurais-je d'être inquiet?

EUGÉNIE

Tout simplement, parce qu'il a oublié de me dire qu'il rentrerait tard. A moins que ce soit moi qui ne l'aie pas entendu... Tiens, je crois bien que c'est moi qui ai oublié, et qu'il me l'a dit, quand je le conduisais dans l'antichambre.

PROSPER

Tu es bête, ma pauvre femme... Tu me racontes ça pour me rassurer. Mais qu'est-ce que tu veux qui lui arrive à cet enfant? le quartier est très tranquille. D'ailleurs, je vais me coucher: dans dix minutes, je dormirai comme un bienheureux.

> *(Ils s'en vont dans leur chambre. Eugénie, en s'en allant, éteint l'électricité.*
>
> *Nuit sur la scène. L'instant d'après, Eugénie sort de sa chambre, va jusqu'à la fenêtre, colle son front au carreau. Elle prête l'oreille à un roulement de voiture, puis essaie de regarder par la fenêtre. Comme elle ne voit pas s'il y a une voiture contre le trottoir, elle ouvre doucement le battant.)*

PROSPER, *entrant et faisant la lumière*

Eh bien! qu'est-ce que tu fais là, toi?

EUGÉNIE

J'étais venue... je croyais qu'on avait laissé la fenêtre entr'ouverte.

PROSPER

Oui, oui... moi aussi, je venais parce que je me demandais si on l'avait fermée.

EUGÉNIE

Tout est bien fermé. Va te coucher... toi qui devais si bien dormir dans dix minutes...

PROSPER

J'y vais... j'y vais...
      (*Il se dirige vers sa chambre.*)

EUGÉNIE

Ecoute, Prosper.

PROSPER

Qu'est-ce qu'il y a?

EUGÉNIE

Pourquoi fais-tu le malin avec moi, et ne veux-tu pas m'avouer que tu es inquiet?

PROSPER

Ah, ça, par exemple, ça, par exemple... ça devient de la dérision! Tu veux que je te dise ma façon de penser, eh bien oui, tout à l'heure, j'étais un peu inquiet!

Mais j'ai été rassuré tout à coup, quand je me suis dit
que je savais où il était. Il n'est pas allé au théâtre, il
est parti à dix heures. Il nous parlait l'autre jour d'une
de ces boîtes de Montmartre où l'on danse une partie de
la nuit, il est probable qu'il y est retourné ce soir, avec
des amis qui le lui ont proposé, trop tard pour nous avertir. Comme il est maintenant minuit et demi et que ces
boîtes ferment très tard, il est impossible qu'il soit ici
avant deux bonnes heures. Je ne peux vraiment pas l'attendre.

EUGÉNIE

Ecoute, Prosper...

PROSPER

Qu'est-ce que tu entends?

EUGÉNIE

Une voiture... Une voiture qui vient de s'arrêter devant
la porte.

PROSPER

Ça me semble absolument impossible que ce soit lui.

EUGÉNIE, *qui est allée ouvrir la fenêtre*

Non, il n'y a pas d'auto devant la maison.

PROSPER

Tu es folle, tu vas te refroidir... Tu aurais pu prendre
un châle. Tiens, prends mon paletot.

EUGÉNIE

Mais c'est toi, qui es fou! Tu ne penses pas que je
vais rester à la fenêtre?...

PROSPER

Moi j'y resterais bien, j'aime beaucoup l'air de la nuit.

EUGÉNIE

Hé bien, je te le défends!...

PROSPER

Oh! je n'y tiens pas, on va aller se recoucher tranquillement.

EUGÉNIE, *d'un ton détaché*

Est-ce que c'est bien fréquenté, ces boîtes de Montmartre?

PROSPER

Oh! oui, oui... des gens très bien. Il n'y a jamais de disputes.

EUGÉNIE

Oh, ça, mon vieux, tu n'en sais rien!

PROSPER

Ça serait dans les journaux... Ecoute?...

EUGÉNIE

Non, c'est une voiture qui ne s'arrête pas.

PROSPER

Moi, je n'ai même pas écouté, parce que c'est matériellement impossible que ce petit rentre maintenant.
(*Après un silence...*)

EUGÉNIE

Oh, le mieux, vois-tu, serait d'aller se coucher...

PROSPER

Je vais aller me reposer, bien que je ne sois pas fatigué...

EUGÉNIE

Moi non plus, mon heure de dormir est passée... et si j'avais quelque chose à lire...

PROSPER

Tu avais un livre tout à l'heure qui te passionnait....

EUGÉNIE

Oui, mais je suis arrivée à un passage moins intéressant.

PROSPER

On pourrait peut-être jouer aux cartes, au bésigue chinois?

EUGÉNIE

A cette heure-ci?

PROSPER

Oh, c'est que je ne serais pas fâché d'être encore là quand ce petit gredin va rentrer... (*Vivement.*) Qu'est-ce que tu fais?

EUGÉNIE

Rien...

PROSPER

Imbécile... Je sais bien ce que tu as fait! tu viens de

toucher du bois parce que j'ai dit qu'il allait rentrer...
ce que les femmes peuvent être superstitieuses!...

EUGÉNIE

Je te conseille de parler... Tu ne touches pas de bois,
mais tu n'es pas fâché quand j'en touche pour nous deux.

PROSPER, engageant

Allons, un bésigue?

EUGÉNIE

Je ne suis pas disposée à jouer.

PROSPER

Bien, tu n'es pas comme moi, je jouerais de sang-froid
à n'importe quel jeu, le plus compliqué. Mon enfant,
raisonne un peu! Qu'est-ce que tu veux qu'il arrive à
ce petit? Il n'y a jamais d'attaques nocturnes dans le
quartier.

EUGÉNIE, d'une voix blanche

Il y en a eu une il y a quelques mois... tu le sais bien.
Tu y pensais.

PROSPER

J'y ai pensé tout à l'heure. Mais c'est précisément ce
qui me rassurait. Depuis deux mois le quartier est très
surveillé, il y a des agents à bicyclette à tous les coins de
rue.

EUGÉNIE

Dans toutes les rues?

PROSPER

Si tu sortais plus souvent le soir, tu t'en rendrais compte. Il faut savoir se rendre compte... Ainsi ce qui fait que je suis tout à fait rassuré, c'est qu'il est plus d'une heure. Et quand il se passe quelque chose dans la rue, ça ne se passe pas aussi tard, c'est toujours entre minuit et minuit et demi.

EUGÉNIE

Oh, Prosper, ne me dis pas ça ! Si ça s'était passé tout à l'heure...

PROSPER

Oh, quelle femme ! quelle femme !... on ne peut rien lui dire. Tu es folle...

EUGÉNIE, *écoutant*

Une voiture !...

PROSPER

Je crois qu'elle s'arrête devant la maison. Mais ce ne peut être lui.

EUGÉNIE

Va à la fenêtre, j'ai les jambes brisées... Ouvre la fenêtre, ouvre !...

PROSPER

C'est un monsieur et une dame... le monsieur paie le cocher. Ce sont les gens du troisième... Je savais bien que ce n'était pas lui... Tu vois bien que ce n'est pas une heure indue, puisque les gens du troisième rentrent ! A cette heure-là, et une dame ! Albert, qui est un jeune homme, ne rentrera pas avant une heure d'ici.

(*Silence.*)

EUGÉNIE

Si on pouvait s'informer quelque part, demander au commissariat s'il n'est rien arrivé?

PROSPER

Tu es absurde!

EUGÉNIE

Si on avait au moins le téléphone dans l'appartement!

PROSPER

Oui, mais malheureusement, nous ne l'avons que chez le concierge. On ne peut pas réveiller le concierge, pour téléphoner.

EUGÉNIE

Il vient d'être réveillé par les gens du troisième. Il ne doit pas être rendormi.

PROSPER

De quoi aurions-nous l'air? Et puis il faudrait téléphoner dans plusieurs commissariats. C'est de la folie. Je n'irai téléphoner sous aucun prétexte.

EUGÉNIE

Mon Dieu, mon Dieu! c'est terrible d'être là à ne rien savoir.

PROSPER

Si tu tiens absolument à ce que j'aille téléphoner... je réveillerai le concierge. Une mère inquiète a tous les droits.

EUGÉNIE

Si on te dit au commissariat qu'il n'y a rien, ça voudra simplement dire qu'ils ne savent rien. Nous ne serons pas complètement rassurés.

PROSPER

Oui, mais s'il y a quelque chose, nous serons fixés.

EUGÉNIE

Oh, mon Dieu, il pourrait y avoir quelque chose!... Oh, mon Dieu! Oh, mon Dieu!

PROSPER, *geignant*

Oh, mon Dieu! c'est terrible d'avoir affaire à une femme qui ne garde pas son sang-froid...

EUGÉNIE, *pleurant*

Avec ça que tu l'as, ton sang-froid!

PROSPER, *de même*

C'est toi qui me le fais perdre

EUGÉNIE, *pleurant*

Tu le perds bien tout seul.

PROSPER

Je vais téléphoner pour faire quelque chose.

EUGÉNIE, *pleurant*

Oh, mon pauvre petit!...

PROSPER, *pleurant*

Ma pauvre chérie, tais-toi, sois un petit peu calme!
Aie du courage, de l'énergie!

EUGÉNIE, *pleurant*

Je ne peux plus! Je ne peux plus! Notre petit! Notre
petit!

PROSPER

Ecoute...

EUGÉNIE

L'ascenseur...

PROSPER

Ce n'est pas lui. Aucune voiture ne s'est arrêtée...

EUGÉNIE

L'ascenseur a l'air de s'arrêter au palier...

PROSPER

Je n'entends pas le bruit de sa clef?
        (*Coup de sonnette.*)
Qu'est-ce que c'est?

EUGÉNIE

Qu'est-ce que c'est? Ce n'est pas lui, il a sa clef...

PROSPER

Il ne sonnerait pas...

EUGÉNIE

Qu'est-ce qu'on vient nous dire?
        (*Elle tombe sur un canapé.*)

PROSPER

Il faut tout de même que j'aille ouvrir...
(*Il s'en va à petits pas, les jambes lourdes et disparaît dans l'antichambre. Bruit de voix.*)

PROSPER, *reparaissant souriant*

C'est lui, le mauvais sujet... Il avait oublié sa clef.... Arrive ici, toi! (*Entre Albert.*) Tu mériterais... tu mériterais... je ne sais quoi! Gredin, va! gredin, va! Regarde ta pauvre mère!

ALBERT

Oh, maman!

PROSPER

Je te défends de l'embrasser!

ALBERT

J'avais oublié ma clef et mon porte-monnaie. J'ai dû revenir à pied du boulevard Saint-Michel.

PROSPER

C'est bien fait, allez, va te coucher! (*A Eugénie.*) Dis-lui d'aller se coucher!

EUGÉNIE, *faiblement*

Va te coucher!

ALBERT

Oh! maman, je t'ai fait de la peine!

PROSPER

Je te défends de l'embrasser... A moi, tu ne m'as pas fait de peine? Je n'étais pas inquiet, peut-être?...

ALBERT

Papa...

PROSPER

Vilain gredin! va te coucher!
(*Albert entre dans sa chambre.*)

PROSPER

Je n'étais pas inquiet du tout...

EUGÉNIE

Oh, ni moi non plus...

PROSPER

Si, tu étais inquiète!

EUGÉNIE

Toi aussi!

PROSPER

Le gredin!

EUGÉNIE

Le petit gredin!
(*Ils regardent dans la direction de la chambre
d'Albert et se surprennent mutuellement à lui
envoyer des baisers.*

ENSEMBLE

Imbécile!

RIDEAU

Un Homme dans la Maison

PIÈCE EN UN ACTE

PERSONNAGES

M. Lemorandel, 66 ans, ancien magistrat.
Un Capitaine d'Infanterie.
Un Homme.
Irma.

Un Homme dans la maison

*La scène représente un petit salon dans une grande mai-
son de campagne; une table où il reste les reliefs d'un
repas. Elle a été dressée pour un dîner improvisé. Il
est dix heures du soir.*

LE CAPITAINE, *se levant*

Monsieur Lemorandel, Madame Chérolaz, je vais être
obligé de vous quitter, il est dix heures et j'ai bien deux
heures de bicyclette avant de rejoindre mon cantonne-
ment. Nous partons demain dès le matin.

IRMA

Et votre régiment se rend à Mayence?

LE CAPITAINE

Par petites étapes. Nous allons jusqu'à Nancy, où un
train nous attend.

LEMORANDEL

D'ailleurs, nous n'allons pas tarder non plus à nous
en aller. Le voiturier de Clos-Fontaine doit venir nous
prendre d'ici un quart d'heure.

LE CAPITAINE

Vous serez bien mal installés à l'auberge...

LEMORANDEL

Oh! j'ai tellement mal dormi ici la nuit dernière... Ma nièce n'était pas tranquille non plus.

IRMA

Mon oncle dit que c'est un pays perdu...

LE CAPITAINE

Evidemment, il n'y a pas une habitation à une lieue à la ronde, mais il n'y a pas un être vivant non plus. Que pouvez-vous craindre?

IRMA

Mon oncle dit que la route est parcourue par des individus qui sortent de la Maison Centrale. Il craint que leur séjour dans cet établissement ne les ait pas suffisamment moralisés.

LE CAPITAINE

Vous n'avez pas d'arme, Monsieur le Conseiller? Voulez-vous que je vous prête mon revolver

LEMORANDEL

Oh! non, Capitaine, je suis trop nerveux. J'ai toujours peur de me tromper et d'abattre un innocent. Par contre,

si je me trouvais en présence d'un malfaiteur, je suis sûr
que je le manquerais. Enfin, que voulez-vous? nous ne
serons plus ici dans un quart d'heure.

LE CAPITAINE

Monsieur le Conseiller, nerveux comme vous êtes, vous
avez peut-être tort de voyager.

IRMA

Mon oncle ne vous dit pas qu'il est la complaisance
même. Comme mon mari ne pouvait pas m'accompagner,
parce que son cours de droit le retient à Paris, et comme
nous avions à régler des affaires de famille dans différentes villes de province, j'avais décidé de partir avec
une procuration. Mais mon oncle n'a pas voulu me laisser
voyager seule.

LE CAPITAINE

Quel heureux hasard tout de même m'a amené ce matin à Brégecy avec ma compagnie! Je n'avais pas vu
M. Lemorandel depuis la guerre et vous, madame, je
n'avais eu le plaisir de vous apercevoir qu'une fois.

IRMA

J'espère, Monsieur, que lorsque vous viendrez en per-
mission, vous passerez par Paris et que vous nous deman-
derez à déjeuner. Nous inviterons mon oncle à dîner ce
soir-là.

LE CAPITAINE

Mais certainement, Madame... Vous êtes trop aima-
ble... (*se levant*) et le plaisir que j'aurai de vous revoir...
me fera... courir le risque d'être indiscret... Au revoir,
Madame..., au revoir, Monsieur...

IRMA

Je vais vous reconduire jusqu'en bas...

LEMORANDEL

C'est-à-dire...

IRMA

Non, mon oncle, ne vous dérangez pas... Habillez-
vous pour partir, car la voiture ne tardera pas à venir
nous prendre.
      *(Sortent Irma et le Capitaine. Lemorandel, resté
      seul, met son manteau de voyage. Il donne des
      signes d'inquiétude et d'énervement.)*

LEMORANDEL

Eh bien! elle ne remonte pas?...
      (Il va jusqu'à la porte.)

IRMA, *rentrant*

Ce pauvre capitaine, nous lui avons offert un dîner
de fortune.

LEMORANDEL

Il sait que nous n'avons pas de domestiques ici, puisque ta maison n'a pas été habitée depuis sept ans. D'ailleurs, les victuailles que nous avions apportées de Châlons n'étaient pas à dédaigner.

IRMA

Il leur a fait largement honneur...

LEMORANDEL

C'est un brave garçon; en voilà un qui ne songe pas à te faire la cour.

IRMA

Vous êtes obsédé par cette idée, mon oncle. Depuis le commencement de notre voyage, vous ne voyez autour de moi que des soupirants.

LEMORANDEL

Ne parlons pas de cela. Je suis très tourmenté par certaines observations que j'ai faites au cours de ce voyage et dont j'aime mieux ne pas te parler.

IRMA

Mon oncle, c'est votre nervosité...

LEMORANDEL, l'interrompant

On met bien des choses sur le compte de ma nervosité. Je suis très chagriné par ta conduite.

IRMA

Par ma conduite?

LEMORANDEL

Tu te disculperas après; laisse-moi d'abord te dire ce que j'ai sur le cœur. Nièce d'un magistrat...

IRMA

... Connu par l'austérité de ses mœurs...

LEMORANDEL

Il y a dans ce que tu dis une nuance de moquerie.

IRMA

Oh! mon oncle!

LEMORANDEL

Je suis connu par l'austérité de mes mœurs, c'est la vérité. Il est inutile de le dire avec une nuance de raille-rie. (Un peu déclamatoire.) Parce que tu es ma nièce, parce que tu as toujours été sous ma férule, c'est pour cela, dis-je, que ton mari t'avait choisie en toute confiance. Et dernièrement encore, quand il s'est agi pour toi d'aller régler dans différentes villes des affaires de famille, c'est le cœur plein de tranquillité qu'il te plaçait sous ma sauvegarde... Ce n'est pas moi qui avais sollicité ce rôle... On m'avait déjà rapporté sur ton compte différentes choses que je n'avais pas voulu croire.

IRMA

Qu'a-t-on pu vous dire?

LEMORANDEL

Je n'y ai pas cru, te dis-je. Pour refuser la mission de confiance que me donnait ton mari, il aurait fallu lui dire la raison de mon hésitation... Ton mari est une magnifique figure...

IRMA

Une magnifique figure?...

LEMORANDEL

Je parle au moral. J'acceptai donc de te chaperonner quand tu partis à Lyon régler la cession de ces terrains que tu tiens de ta mère, ma vénérée sœur; il s'agissait de te rendre chez le notaire avec la procuration que ton mari t'avait remise. Nous nous trouvons en présence d'un notaire, jeune, trop jeune, qui te retient pendant deux heures et demie dans son cabinet. Deux heures et demie!... Je t'attendais, moi, dans la salle où se trouvaient des clercs, qui n'ont cessé de sourire et de chuchoter; quand le

notaire sortit avec toi de son cabinet, tu étais très rouge
et lui aussi; il n'y avait pourtant pas dans la discussion
de cet acte de vente de quoi vous passionner si fortement
et surtout si longtemps.

IRMA

Je t'assure...

LEMORANDEL

A Chambéry, où nous nous rendîmes ensuite, tu avais
à t'occuper d'un fonds de commerce de vins et liqueurs
qui, par suite de l'insolvabilité du locataire, était tombé
entre tes mains; un acquéreur se présente, moins jeune
celui-là, mais de belle prestance encore. Etait-il de toute
nécessité que vous allassiez, toi et lui, faire cet inventaire
dans la cave où il y avait une centaine de bouteilles de
vin que vous mîtes deux heures à compter?

IRMA

Mon oncle, je vous assure...

LEMORANDEL

Tu as raison de nier. Un aveu cynique me révolterait.
Toutes les probabilités sont contre toi, mais ce ne sont
pas absolument des certitudes.

IRMA, *mollement*

Que puis-je dire pour vous convaincre?

LEMORANDEL

Ta mère était un véritable parangon de vertu. On me dira : cela peut sauter une génération. Mais la renommée de ta grand'mère est inattaquable. Il en est de même de ta bisaïeule. Dans ton ascendance paternelle, aucune hérédité fâcheuse qui pût laisser prévoir ta conduite.

IRMA

Ma conduite?...

LEMORANDEL

Je te répète que ce ne sont là que des présomptions; songe à notre famille, songe aussi à l'homme que tu trahirais.

IRMA, *détournant la conversation*

Le voiturier ne vient pas...

LEMORANDEL

Il n'y a pas encore de retard... (*Reprenant.*) Ton mari...

IRMA, *l'interrompant*

Une magnifique figure, vous l'avez déjà dit.

LEMORANDEL

Et je me plais à le redire... C'est vrai tout de même que ce voiturier est en retard...

IRMA, *prêtant l'oreille*

Attention!...

LEMORANDEL, *inquiet, écoutant*

Qu'est-ce que c'est?

IRMA

C'est le voiturier. Quelqu'un est entré en bas dans l'antichambre.

LEMORANDEL, *dont l'inquiétude redouble*

Mais je n'ai pas entendu la voiture. Pourquoi serait-il venu sans sa voiture?

IRMA

Je vais voir.

LEMORANDEL

Non... n'y va pas...

> (*On frappe à la porte. Lemorandel donne des signes de vive agitation.*

IRMA

Ce ne peut être un malfaiteur, qui se donne la peine de frapper.

LEMORANDEL

Qui sait? Il est peut-être armé, avec deux pistolets en

mains, comme ces terribles Américains que j'ai vus dans les cinémas. Moi, tu sais, je lève les bras!

(Il lève les bras.)

IRMA

Il faut tout de même lui dire d'entrer!

LEMORANDEL, les bras en l'air

Entrez!

> (*Entre un homme de la campagne. Voyant qu'il n'a pas de pistolet au poing, Lemorandel, toujours les bras levés, se donne l'air de corriger la position d'un tableau qui n'est aucunement de travers.*)

L'HOMME

Je viens de la part de M. Nicolas, le loueur de voitures. Il m'avait dit de venir vous prendre avec la calèche et voilà que j'ai cassé mon essieu sur la route

LEMORANDEL

Ce n'est pas réparable?

L'HOMME

Pensez-vous! il va falloir que je rentre à pied à Clos-Fontaine. Demain je viendrai avec le charron. Mais ne vous bilez pas, Monsieur, un autre cocher amènera le char-à-bancs demain matin et vous conduira directement à la gare.

LEMORANDEL

On pourrait peut-être aller à pied à Clos-Fontaine avec vous ?

IRMA

C'est loin, mon oncle, vous savez.

LEMORANDEL

Une lieue tout au plus !

IRMA

C'est si simple de coucher ici.

L'HOMME

Et puis dans le bois, dessous les arbres, les chemins sont boueux de l'orage d'hier.

LEMORANDEL, *résigné*

Eh bien, nous coucherons ici.

L'HOMME, *saluant*

Au revoir, Monsieur, au revoir, Madame...

IRMA

Vous retrouverez le chemin pour sortir ?

L'HOMME

Oh! je connais la maison.
(*Il sort.*)

LEMORANDEL

Ah! je suis plus contrarié que je ne saurais le dire...
Tu n'es pas tranquille non plus... Tu ne veux pas en
avoir l'air pour ne pas accroître ma nervosité.

IRMA

Allez vous coucher, mon oncle, Vous êtes fatigué de
la nuit dernière; vous dormirez bien.

LEMORANDEL

Oh! je ne crois pas! (*Il reste dans son fauteuil, silen-
cieux et inquiet. — Au bout d'un instant.*) Cet homme
qui est venu tout à l'heure, est-ce que c'est vrai ce qu'il
t'a raconté? Il a peut-être décommandé le voiturier de
notre part, à moins qu'il ne l'ait assailli sur la route...
pour venir ensuite s'attaquer à nous. Es-tu sûre qu'il soit
reparti?

IRMA

Mais oui; j'ai entendu la porte se fermer en bas, et
une fois tirée, on ne peut l'ouvrir du dehors si on n'a pas
la clef.

LEMORANDEL, *à voix basse*

Cet homme a peut-être refermé la porte avec bruit,
sans sortir de la maison...

IRMA

Mon oncle, pourquoi voulez-vous qu'on ait choisi ce moment pour piller le château? Il ne s'y trouve personne en temps ordinaire qu'un vieux gardien, qui a profité de notre visite pour aller voir sa famille à la ville voisine. Si nous n'étions pas restés ce soir, le château aurait été abandonné cette nuit. Si donc cet homme avait voulu faire un mauvais coup dans la maison, il nous aurait au contraire laissé nous éloigner.

LEMORANDEL

Il s'est dit qu'il n'y avait rien à prendre ici et que, par contre, nous avions peut-être de l'argent; j'aurais dû m'arranger pour lui laisser supposer dans la conversation que nous n'avions pas grand'chose sur nous. Au besoin je lui aurais dit que j'avais laissé mon argent à l'hôtel de Clos-Fontaine et demandé vingt francs à me prêter jusqu'à demain matin.

IRMA

Vous n'avez plus votre bon sens, mon oncle... Je crois qu'il vaudrait mieux que vous alliez dormir.

LEMORANDEL, *se levant péniblement*

Allons! (*Il va jusqu'à la porte de la chambre.*) Cet homme, c'est vraiment un homme de Clos-Fontaine?

IRMA

Mais oui, avant la guerre il conduisait déjà la voiture. Depuis, il a été mobilisé. Il a repris son service aussitôt après.

LEMORANDEL

Evidemment cela me satisfait... Tu ne me le dis peut-être que pour me rassurer... Enfin bonsoir, ma petite, nous reprendrons demain notre conversation de tout à l'heure... Mais, pour le moment, je suis un peu énervé. Ah! que je voudrais avoir réintégré mon paisible appartement de la place Saint-Sulpice!

> (*Il entre dans la chambre au premier plan à droite. Irma restée seule éteint les lampes et vient à la table... s'arrête, tend l'oreille au bruit du dehors, et entre dans la chambre au deuxième plan à gauche.*)
> (*La scène reste obscure et vide pendant quelques secondes, après lesquelles entre Lemorandel, toujours en costume de voyage.*)

LEMORANDEL, *seul*

Oh! ces bruits vagues qui ne cessent pas... on croit que ça s'apaise... puis ça recommence... ces émotions ne sont plus de mon âge. Dire qu'elle va se coucher et dormir tranquillement... moi je suis brisé de fatigue et ne pourrai fermer l'œil... (*Il s'assied près d'une table où il pose la bougie. Il est en proie à une inquiétude croissante.*) J'aurais dû aller à pied au village. Cet homme... est-ce qu'il est sorti de la maison?... (*Silence.*) Restons ici un moment.... On aurait peut-être pu le faire coucher en bas... (*Silence.*) Et cette route où il passe des prisonniers libérés!... la porte est fermée, mais ces gens-là ont des outils... Enfin! espérons que tout se passera bien... (*Brusquement, son visage devient livide. Il entend un bruit. Il tremble.*) Oh! mais, voilà la porte qui s'est ouverte en bas! (*Il prête l'oreille. Il semble entendre un bruit per-*

*sistant. On monte l'étage. Sa tête effarée scande les pas
de quelqu'un qui monte. Il souffle sa bougie et va se
cacher derrière un rideau. La porte s'ouvre. On voit
d'abord le rayon d'une lampe de poche. Puis, un homme
entre avec précaution. C'est le capitaine, il a son casque
et son revolver. La porte de la chambre d'Irma s'ouvre
doucement.)*

IRMA, *à voix basse au capitaine*

Mon oncle est couché. Je ne l'entends plus...

LE CAPITAINE

Voici votre clef... L'homme du voiturier est venu?

IRMA

Oui...

LE CAPITAINE

Je lui avais donné cent francs pour casser son essieu.

IRMA

Qu'est-ce que vous allez penser de moi?

LE CAPITAINE

Que je vous adore!
        (*Il l'enlace tendrement et entre dans la chambre
        avec elle.*)

LEMORANDEL, *sortant de sa cachette*

C'est effrayant! (*Avec une énergie un peu artificielle.*)
Je ne peux pas tolérer... Il faut que j'aie une conversation grave avec elle... Dès demain... pour le moment il
n'y a qu'une chose à faire... dormir... je vais dormir... je
vais dormir...
(*Il se dirige vers la porte de sa chambre.*)

RIDEAU

Les Plaisirs du Dimanche

Comédie en un acte

PERSONNAGES :

Mme COMMERCY.
COMMERCY.
TONY.
LARCADIER.

Les Plaisirs du Dimanche

Au lever du rideau, les quatre personnages sont assis dans un petit salon. Ils viennent de déjeuner, et paraissent un peu accablés.

LARCADIER, *tirant sa montre*

Je vous demande pardon si je regarde l'heure, mais je m'embête énormément.

MADAME COMMERCY

Cet homme grossier me paraît d'ailleurs exprimer le sentiment général.

COMMERCY

Tout ça ne me dit pas l'heure qu'il est, ma montre est arrêtée...

TONY, *regardant à son poignet*

Il est une heure et demie.

LARCADIER

Il n'est qu'une heure vingt-huit, mais je ne veux pas provoquer d'incident.

MADAME COMMERCY, *à son mari*

Je trouve absurde, le dimanche, de demander qu'on déjeune de bonne heure sous prétexte qu'il faut faire quelque chose l'après-midi.

LARCADIER

Alors qu'on n'a rien à faire cet après-midi-là.

COMMERCY

Si on va au théâtre en matinée, comme j'ai horreur de sortir tout de suite après mon déjeuner, je veux avoir une heure devant moi pour faire ma petite partie de billard, qui m'est absolument nécessaire.

MADAME COMMERCY, *aux autres*

Oui, il s'est mis dans la tête de jouer au billard le dimanche après déjeuner. Il dit que c'est une culture physique nécessaire et que ça remplace la marche qu'il fait en semaine pour aller jusqu'à son bureau.

COMMERCY

Le fait irrécusable est que c'est excellent de tourner autour du billard après le déjeuner.

LARCADIER

Il y a combien de temps que tu as découvert cela ?

COMMERCY

C'est vieux comme le monde.

MADAME COMMERCY

Ça date de six mois... parce qu'il y a six mois, quand nous avons emménagé dans cet appartement, nous avons été obligés d'acheter le mobilier et le billard qui s'y trouvait. Alors comme on nous a vendu ce billard très cher, il fait du billard, bien que ça l'ennuie et qu'il joue très mal, mais il en fait pour rentrer dans son argent. (*Téléphone.*) Qu'est-ce que c'est? (*Allant au téléphone.*) Allô... Ah! c'est vous?... Ah! bien... Comment ça va?... (*Silence.*) Bien, je vous remercie... vous êtes tout à fait gentil. Nous vous remercions tous... (*Raccrochant le téléphone avec accablement.*) C'est André Colfin qui nous téléphone pour nous dire qu'il avait loué une loge à ce nouveau théâtre, près de la Madeleine, pour cet après-midi. Ils ne peuvent y aller. Alors il nous donne la loge.

COMMERCY

C'est bien, cette pièce?

TONY

On le dit, il paraît que c'est un gros succès. J'ai des amis qui ont voulu y aller jeudi dernier, ils n'ont pas trouvé de places au bureau.

COMMERCY

Mais à quelle heure ça commence-t-il?

TONY

Oh! la pièce est courte, dit-on. Elle doit commencer
à trois heures.

COMMERCY

Ça va très bien, alors! (*A Tony.*) Mais êtes-vous bien
sûr que ça commence si tard? Où est le journal?

MADAME COMMERCY

Tu l'as pris ce matin dans ton bureau.

COMMERCY

Je vais voir.

(Il sort par le fond.)

MADAME COMMERCY, à *Larcadier qui se lève*

Vous cherchez les cigares, monsieur Larcadier?

LARCADIER

Oh! non, j'en ai déjà fumé un; ça me suffit. Je voudrais une cigarette. Mais vous n'en avez pas de celles
qu'il me faut.

MADAME COMMERCY

Il y a des Maryland et des Egyptiennes.

LARCADIER

J'aime mieux le caporal. J'en ai dans mon pardessus.

MADAME COMMERCY

On va vous chercher votre pardessus. Les domestiques sont encore là.

LARCADIER

Pensez-vous!

(Il se lève et sort par la gauche.)

TONY, à *Mme Commercy*

Eh bien! c'est gai, ce qui m'arrive!

MADAME COMMERCY

Qu'est-ce qui vous arrive?

TONY

Voyons, chérie... Il y avait toutes les chances pour qu'on passe l'après-midi ensemble. Je ne t'ai pas vue toute la semaine. J'attendais ce dimanche avec une impatience...

MADAME COMMERCY

Enfin, nous ne savions pas si nous serions libres.

TONY

C'est entendu. Nous ne le savions pas. Mais j'espé-

rais qu'on serait libres vers le milieu de l'après-midi. Il
aurait fini par s'ennuyer, il aurait été au cercle, nous
aurions été tranquilles.

MADAME COMMERCY

Mais, mon ami, que voulez-vous? c'est votre faute, et
à vous seul.

TONY

Comment c'est ma faute?

MADAME COMMERCY

Certainement. Vous vous fiez toujours au hasard pour
organiser les choses.

TONY

Mais comment veux-tu... (*Elle lui fait signe de faire
attention.*) Mais comment voulez-vous tout de même que
j'organise quelque chose? Je ne suis pas maître des actes
de votre mari, et ne sais pas s'il nous fichera la paix!
          (*Elle lui fait de nouveau signe de se taire. Com-
                    mercy entre.*)

COMMERCY

Eh bien! c'est à trois heures! J'ai eu de la peine à
trouver le journal. Hubert l'avait déjà flanqué dans le
panier à papiers. Il avait fait mon bureau à la six-
quatre-deux. C'était son jour de sortie, tu comprends...
          (*Larcadier entre avec une cigarette à la bouche
                et un paquet de cigarettes à la main.*)

COMMERCY, *il prend une espèce de petit vase en onyx
sur la cheminée*

Il y a là-dedans quatre numéros, c'est pour les poules.

LARCADIER

Comment pour les poules?

COMMERCY

Oui, pour les poules au billard. Le un et le deux jouent ensemble. Puis le vainqueur avec le numéro 3. Puis le vainqueur du second match avec le numéro 4, en tout trois parties en dix points; ce n'est pas long.

TONY

C'est proportionné à notre force.

COMMERCY

Allons, tirez!

LARCADIER, *tirant*

Quatre!

MADAME COMMERCY

Deux!

TONY

Un!

COMMERCY

Tout porte à croire que j'ai le numéro trois. Allons, commencez, vous deux.

TONY, à Mme Commercy

Venez?

MADAME COMMERCY, résignée

Ah! comme c'est amusant!

> (*Ils sortent. Larcadier et Commercy restent
> seuls.*)

COMMERCY, ironique

Eh bien! qu'est-ce que tu dis de cette loge? Ça te fait
plaisir d'aller au théâtre?

LARCADIER

Te fous pas de moi! T'en as de bonnes! J'avais une
partie de bridge organisée au cercle. Tu me dis : « Viens
déjeuner avec moi; comme ça, je pourrai aller au cercle
avec toi vers trois heures et demie. On ne saura que
faire à la maison et ma femme finira elle-même par me
le proposer. »

COMMERCY

Tout se serait passé ainsi, si on n'avait pas reçu cette
loge! C'est insupportable! Elle me fait déjà une vie du
diable, tous les soirs, parce que je vais faire mon bridge
avant le dîner. Je l'entends d'ici : « Même le dimanche!
Même le dimanche... » A moins que ce soit elle qui en
ait l'idée. Voilà déjà plusieurs dimanches qu'il lui arrive
de me dire vers les trois heures : « Allons, va faire ton

bridge... » et puis elle, elle s'en va dans un concert avec cet imbécile de Tony.

LARCADIER

En tous cas, très peu pour moi du théâtre.

COMMERCY

Tu ne vas pas me lâcher?...

LARCADIER

Je ne te lâcherai pas avant trois heures, parce que je t'aime bien, et parce qu'il n'y aurait pas de partie avant cette heure-là. Je me demande même s'il va y avoir une partie... Nous étions cinq avec toi, et, pour peu qu'il y en ait qui manquent, nous ne serons pas quatre. Ils vont tous aux courses et ne s'amènent que vers cinq heures.

COMMERCY

Ah! c'est empoisonnant...

LARCADIER

Je vais tâcher d'avoir un cinquième. Il y a Crombez, qui doit venir. Je vais lui dire d'amener son frère.

COMMERCY

Tu sais son numéro?

LARCADIER

Mais oui, je sais son numéro. Allô... allô... Auteuil 62-63. Allô... Le dimanche est un jour de repos pour les demoiselles du téléphone... Allô... C'est vous, Crombez? Dites donc, Crombez... vous ne pourriez pas amener votre frère, tout à l'heure, au cercle?... Comment, vous ne venez pas?... Vous n'êtes pas fou... Vous n'êtes pas sûr de venir?... Ah! mon vieux, si, tout de même, venez!... Je pensais que l'on serait cinq, maintenant on n'est plus que quatre, vous téléphonerez tout à l'heure si vous pouvez venir?... (*A Commercy.*) Il téléphonera tout à l'heure s'il peut venir... (*Au téléphone.*) Dites donc, je suis chez Commercy. (*A Commercy.*) Quel est ton numéro?

COMMERCY

Elysées 20-02.

LARCADIER

Elysées 20-02... Tâchez de venir, mon vieux, nous serions fichus si vous ne veniez pas... (*Il raccroche l'appareil. A Commercy.*) Il faut que tu t'arranges... absolument.

(*Un moment de silence morne.*)

COMMERCY

Je ne t'ai pas montré les deux Utrillo que j'ai achetés? Deux petits tableaux épatants. Viens les voir dans la chambre de ma femme.

LARCADIER, *gémissant*

Mais je m'en fous!

COMMERCY

Je croyais que tu t'intéressais à la peinture?

LARCADIER

De temps en temps, mais pas aujourd'hui.

(*Nouveau silence.*)

TONY, *ouvrant la porte*

Eh bien! c'est Mme Commercy qui est la grande victorieuse! Elle a terminé ses dix, en me laissant à trois. (*A Commercy.*) C'est à vous maintenant de vous mesurer avec elle.

COMMERCY

Je vais y aller. Le vainqueur matchera Larcadier.

LARCADIER

Passionnant! Passionnant!

(*Sort Commercy.*)

LARCADIER

Encore une belle invention que son billard! On pourrait ne pas s'apercevoir qu'on s'embête : le fait d'être obligé de jouer au billard vous donne bien l'impression qu'on n'a rien d'autre à faire. Dites donc, Tony?...

TONY, *qui a pris un journal et s'est mis à lire*

Qu'est-ce qu'il y a?

LARCADIER

Vous avez de l'influence sur madame Commercy?

TONY, *troublé*

Mais pourquoi me dites-vous cela?

LARCADIER

Je ne fais aucune insinuation. Je ne dis pas que vous êtes son amant. Ce serait bien possible. Mais ce n'est pas mes oignons et je m'en balance complètement. Ce que je veux dire, c'est que vous devriez bien vous organiser pour aller la promener au Bois, n'importe où, et la faire renoncer à cet embêtement de théâtre. Comme ça, vous comprenez, j'emmènerai Commercy au cercle et la partie ne sera pas compromise.

TONY

Mais pourquoi n'a-t-il pas dit qu'il voulait faire sa partie?

LARCADIER

Vous êtes jeune. Il ne l'a pas dit à sa femme, parce qu'il faut que ça soit elle qui le lui propose, mais il n'attend qu'une chose, c'est qu'elle le lui dise. Vous n'avez jamais été marié, vous?

TONY

Pas encore.

LARCADIER

Moi, j'ai été marié, je ne le suis plus. Ma femme l'est encore.

TONY

Comment cela ?

LARCADIER

C'est-à-dire qu'elle s'est remariée. Ce n'est pas plus compliqué que ça. Les femmes n'ont pas de mémoire. Quand il a été question de divorcer, nous nous sommes précipités avec ivresse dans le célibat. Seulement, moi, j'y suis resté, parce que je n'avais pas oublié ce que c'était que le mariage. Tandis qu'elle, frivole, elle a recommencé. Enfin, la question n'est pas là ; il y a quinze ans que ça s'est passé. Elle m'a trompé avec un grand nombre d'amis à moi, dont cet imbécile de Commercy qui était garçon alors... Je ne vous dis pas cela pour vous inciter à lui rendre la pareille... Il ne sait pas que je le sais ; autrement, ça me gênerait pour le fréquenter. Si j'avais eu l'air de savoir, je me serais fermé un certain nombre de portes. Mais, hélas ! je le savais toujours. Ma femme ne manquait pas de me le dire elle-même chaque fois. Elle avait une rage de confidences, et, comme elle n'avait pas d'amis intimes, et que j'étais, somme toute, la personne avec laquelle elle était le plus liée, c'était à moi qu'elle venait raconter tout ça ! Chaque fois qu'elle était en retard pour dîner, je me disais : « Qu'est-ce qu'elle va encore me raconter ? » En dehors

14

du récit de ses prouesses, elle n'avait d'ailleurs aucune espèce de conversation. C'est pour cela que j'ai divorcé. Pour pouvoir enfin parler d'autre chose!... Alors, écoutez, mon vieux, voilà ce que vous allez faire. Vous allez tâcher de dire à madame... Machinchouette, enfin à madame Commercy qu'elle propose à son mari d'aller faire un bridge, vous irez au théâtre avec elle. Vous trouverez bien deux malheureux qui vous accompagneront.

TONY

Moi, je veux bien lui demander...

LARCADIER, *prêtant l'oreille*

Vous avez entendu?

TONY

Quoi?

LARCADIER

Un cri de triomphe. C'est le cri de l'animal Commercy qui vient de gagner une partie de billard... Eh bien! c'est très bien comme ça, c'est moi qui vais jouer avec lui! Pendant ce temps-là, vous travaillerez madame Commercy, et j'aurai mon bridge.

COMMERCY, *ouvrant la porte*

Quel est le vainqueur?

LARCADIER

C'est toi, imbécile.

MADAME COMMERCY, *entrant*

Oh! il m'a battu avec deux ou trois raccrocs. Jamais il n'aurait dû gagner.

COMMERCY, *à Larcadier*

Tu me donnes gagné pour notre match?

LARCADIER

Non, non... je ne te donne pas gagné... Je veux le jouer.

COMMERCY

Ah! je savais bien que tu aimais jouer au billard...

LARCADIER

Oui, oui... je suis un fanatique du billard. (*A Tony, en partant.*) Allez-y pour ce que je vous ai dit!
(*Commercy sort, Larcadier le suit dans la salle de billard.*

TONY, *à Mme Commercy*

Eh bien! tu sais, ça s'arrange très bien.

MADAME COMMERCY

Qu'est-ce qui s'arrange bien?

TONY

Tu ne tiens pas absolument à aller à ce théâtre?

MADAME COMMERCY

Non, pourquoi?

TONY

Parce que ton mari n'y tient pas du tout.

MADAME COMMERCY

Pourquoi n'y tient-il pas du tout?

TONY

Parce qu'il veut aller faire un bridge au cercle. Il n'ose pas te le dire.

MADAME COMMERCY

Qui est-ce qui t'a raconté ça?

TONY

Larcadier. C'était organisé avec lui. Ton mari n'attendait qu'une chose, c'est que tu lui dises : « Va faire ton bridge. » Alors, tu comprends, quand ce ballot de Larcadier m'a dit : « Tâchez d'influencer Mme Commercy », tu penses si j'ai rigolé intérieurement.

MADAME COMMERCY

Pourquoi ça? Vous trouviez ça drôle?

TONY, *déconcerté*

Mais oui, voyons! Nous désirons tous les deux qu'il nous laisse tranquilles, et il n'a qu'une idée, c'est de nous laisser tranquilles! Il n'osait pas nous le proposer.

MADAME COMMERCY

Alors, vous vous figurez comme ça, paisiblement, que je vais lui dire : « Va faire ta partie », à cette espèce de jésuite? Il avait arrangé ça avec l'ignoble Larcadier. C'était organisé depuis trois ou quatre jours, je suis sûre.

TONY

Eh bien! tout va pour le mieux, puisque ça nous arrange aussi.

MADAME COMMERCY

Vous vous figurez que je n'ai aucune espèce de dignité, que je vais me laisser rouler par ces gens-là? Nous irons au théâtre tous les quatre.

TONY

Mais c'est insensé, puisque nous n'attendions que l'instant d'être libres!

MADAME COMMERCY

Parlez pour vous! Parbleu!... ça vous est égal que
mon mari aille faire sa partie ou non! Vous n'êtes pas
marié avec lui! Qu'il se laisse aller à son vice et à son
hypocrisie, ça vous laisse froid. Je comprends ça d'ailleurs. Si vous voulez mon avis, vous êtes immonde d'avoir
accepté cette commission de la part de Larcadier.

TONY

Mais je ne peux pas saisir, ma chère amie...

MADAME COMMERCY, *allant du côté de la porte*

Je vais commencer par lui dire ma façon de penser,
à mon mari!

TONY, *la retenant*

Mais non, ma chère amie, ce n'est pas possible, voyons!

MADAME COMMERCY

Pourquoi n'est-ce pas possible?

TONY

Mais saisissez donc un peu. S'il sait que c'est moi qui
vous ai révélé leur machination, il se demandera pourquoi j'ai pu vous le dire. Il se dira : « Ils sont donc
bien intimes? »

MADAME COMMERCY

Vous avez raison. Je ne vais pas lui faire de scène, mais je vais l'embêter autrement.

TONY

Et moi, j'en suis pour mes espoirs détruits. Je me dis qu'avec l'entêtement que vous y mettez...

MADAME COMMERCY

Des insolences, maintenant!

TONY

Mais en quoi suis-je insolent? Si le mot d'entêtement vous choque, cette espèce de fausse dignité...

MADAME COMMERCY

De mieux en mieux...

TONY

Ecoutez, je ferais mieux de ne plus parler. Parce que tout ce que je vous dirai sera mal accueilli.

MADAME COMMERCY

Oui, vous ferez mieux de vous taire. Nous allons tous aller au théâtre... Ah! tu voulais faire ton bridge! Eh bien! tu ne le feras pas...

TONY

Ce qui me désespère là-dedans, c'est que ça vous soit égal de ne pas passer la journée avec moi!

MADAME COMMERCY

Alors rien n'existe pour vous... rien n'existe en dehors de ces histoires-là? Les questions de dignité vous échappent. Je peux tromper mon mari, c'est entendu, mais cela mis à part, est-ce que vous croyez que je ne tiens pas à la tenue de ma vie? Enfin, vous ne sentez pas ça, vous?...

TONY

Je ne sens qu'une chose, c'est le désir violent que j'avais de passer l'après-midi avec vous...

MADAME COMMERCY

Eh bien! ce sera pour une autre fois... Pour aujourd'hui, je me conduirais comme la dernière des dernières si je me laissais manœuvrer par mon mari. Vous parlez de le tromper, mais il me tromperait bien davantage, lui...

TONY

Bien davantage?

MADAME COMMERCY

Vous ne saisissez pas cela? Il y a en dehors de ce

qu'on appelle adultère — oh! le vilain mot! — d'autres façons de se tromper quand on est mariés. Il ne me trompera pas avec une maîtresse, ça j'en suis sûre! ce n'est pas l'envie qui lui en manquerait — ou plutôt si, malheureusement, c'est l'envie qui lui en manque — mais il me trompera en allant jouer au cercle... C'est une façon honteuse de me mentir et de me bafouer.

TONY, *vivement*

Les voilà qui reviennent!

COMMERCY, *entrant*

Larcadier aplati... et Commercy grand vainqueur.

LARCADIER

Je supporte très bien cette défaite. La seule chose qui m'ennuie, c'est que tu aies été si long à me vaincre... Il n'arrivait pas à faire ses dix points...

COMMERCY

Oui, oui... je te connais... tu veux avoir l'air de ne t'être pas défendu, mais tu as fait ce que tu as pu.

LARCADIER, *en passant près de Tony, à mi-voix*

Eh bien! ça va?

TONY, *de même*

Non, ça ne va pas...

LARCADIER, *de même*

Zut! vous ne savez pas y faire!

MADAME COMMERCY

Eh bien! mon ami, il ne nous reste plus qu'à aller au théâtre.

COMMERCY

Eh bien! on va aller au théâtre. (*A Larcadier.*) On va aller au théâtre...

LARCADIER

Qui ça, on?

MADAME COMMERCY

Nous quatre.

LARCADIER

Je ne crois pas... (*A Mme Commercy.*) Vous m'excuserez, Madame, si je vous fausse compagnie, mais je ne m'en ressens pas du tout pour le théâtre, aujourd'hui.

COMMERCY

Eh bien! on ira sans toi.

MADAME COMMERCY

Je vais m'habiller.

COMMERCY

Tu sais qu'il est trois heures moins le quart?

MADAME COMMERCY

Qu'est-ce que tu veux que j'y fasse? Il est trois heures moins le quart. Tu veux jouer au billard pendant des heures!

COMMERCY

Si on va au théâtre, il faut arriver pour le commencement.

MADAME COMMERCY

Eh bien! vas-y pour le commencement. J'ai horreur qu'on me presse et qu'on m'ennuie. Tu vas prendre un taxi et y aller avec Tony et Larcadier.

LARCADIER

Je descends avec vous, mais je ne vous accompagne pas!

TONY

Mais je puis vous attendre, madame!

MADAME COMMERCY

Non, non, non... Allez avec mon mari, je ne veux pas qu'on m'attende, ça m'est insupportable. J'arriverai quand j'arriverai, mais je ne veux pas qu'on m'attende.

TONY

Pourtant, madame...

MADAME COMMERCY

Vous avez entendu ce que je vous ai dit? Si vous ne voulez pas aller au théâtre, n'y allez pas.

TONY

Mais si, madame, je veux bien y aller avec vous...

MADAME COMMERCY

Eh bien! partez avec mon mari.

COMMERCY

On va descendre.

LARCADIER

Je descends aussi.

MADAME COMMERCY

Je vais m'habiller.

(Elle sort.)

LARCADIER

Je descends avec vous... Au fait, non, je ne descends pas avec vous, je vais attendre quelques minutes... Crombez, en effet, doit me téléphoner, et si vous partez tout de suite...

COMMERCY

Oh! du moment qu'on y va, partons...

LARCADIER

Je vais encore attendre un instant. S'il ne me rappelle pas, je le demanderai.

COMMERCY

Eh bien! alors, au revoir!

LARCADIER

On te verra à la fin de la journée au cercle?

COMMERCY

Si je peux, ce n'est pas sûr. Si elle n'a pas l'idée d'aller voir une tante à nous, pour m'embêter...

TONY

Au revoir, monsieur Larcadier.

LARCADIER

Au revoir, Tony! (*Bas.*) Vous êtes encore un joli diplomate!

TONY

J'ai fait ce que j'ai pu.

(*Sortent Tony et Commercy.*)

LARCADIER, *seul*

Bon Dieu! que ces gens-là sont embêtants!... Enfin Crombez va peut-être se décider à venir au cercle.
> (*Entre Mme Commercy. Elle porte une espèce de kimono.*)

MADAME COMMERCY

Vous n'êtes pas parti, monsieur Larcadier?

LARCADIER

Je vous demande pardon, Madame; j'attends un coup de téléphone; ça ne vous gêne pas, que je reste encore quelques minutes?

MADAME COMMERCY

Ça ne me gêne pas du tout. (*Elle va jusqu'à un tiroir de commode.*) Ma femme de chambre est sortie, elle n'a rien préparé de ce qu'il me fallait.
> (*Elle est un peu penchée en avant, tournant le dos à Larcadier qui regarde sa croupe. Un moment de silence.*)

LARCADIER

Voulez-vous que je vous aide à chercher?

MADAME COMMERCY

Oh! vous ne trouveriez pas!

LARCADIER

Je pourrais vous servir de femme de chambre? (*Silence. Au bout d'un instant.*) D'abord, vous n'êtes pas pressée, du moment que vous n'arrivez pas pour le commencement.

MADAME COMMERCY

C'est pour ça que je ne tenais pas à ce qu'ils m'attendent. Je déteste qu'on me bouscule... (*Se tournant vers Larcadier.*) Alors vous êtes bien déçu, monsieur Larcadier?

LARCADIER

De quoi?

MADAME COMMERCY

Je vous prive de mon mari pour votre bridge... Tout était bien organisé, hein?

LARCADIER

Organisé? C'est-à-dire que c'était organisé, mais sans moi ou sans lui. Il y a toujours de quoi faire un bridge, là-bas, le dimanche. Quelquefois, cependant, il manque du monde, parce qu'ils vont aux courses, ils ne sont là qu'à cinq heures.

MADAME COMMERCY

Alors, jusqu'à cinq heures, c'est le marasme?

LARCADIER

Oh! le marasme! Il ne faut pas croire que je ne
pense qu'au bridge, dans la vie, tout de même...

MADAME COMMERCY

Vous me faites pourtant l'effet de ne penser qu'à cela.

LARCADIER

Pourquoi est-ce que je vous fais cet effet-là?

MADAME COMMERCY

Parce que vous êtes joueur et que le monde n'existe
pas pour vous en dehors du jeu.

LARCADIER

Je vois que vous avez une bonne opinion de moi... Par
exemple! Permettez-moi de vous dire que vous vous trom-
pez du tout au tout. (*Silence.*) Non, il y a des choses qui
m'intéressent beaucoup plus que le bridge, dans la vie.

MADAME COMMERCY

Les jolies femmes?

LARCADIER

Mais oui, les jolies femmes... Seulement j'ai tort de
dire les jolies femmes : pas toutes les jolies femmes. Je
suis arrivé à un âge où l'on ne s'intéresse pas à toutes les

femmes, mais à certaines femmes seulement. Qu'est-ce que vous voulez? C'est la vie, les femmes à qui on pourrait s'intéresser ne pensent pas à vous...

MADAME COMMERCY

Vous avez des déceptions de ce côté-là, monsieur Larcadier?

LARCADIER, *après un silence*

Ne parlons pas de ça, Madame.

MADAME COMMERCY

Vous ne voulez pas me prendre comme confidente, je vois bien...

LARCADIER

Ça me serait difficile, Madame...

MADAME COMMERCY, *sans comprendre*

Ça vous serait difficile?

LARCADIER

Vous tenez absolument à ce que je vous fasse des confidences?

MADAME COMMERCY, *à peu près indifférente*

Oh! j'y tiens... j'y tiens...

LARCADIER

Si vous y tenez, vous savez, je peux vous en faire...
Ce n'est pas moi qui vous l'aurai demandé.

MADAME COMMERCY, *déjà plus intéressée*

Vous êtes curieux, monsieur Larcadier, je ne vous
voyais pas sous ce jour-là.

LARCADIER

Vous êtes extraordinaire, Madame! Pour vous, j'étais
simplement un être dépourvu de sensibilité, qui allait au
cercle ou au bridge et pour qui rien n'existait dans la vie
en dehors de ça. Vous n'avez jamais pensé à vous demander si le bridge n'était pas pour moi... une façon de
m'étourdir?... Vous ne me connaissez pas, Madame. Le
jeu, pour moi, ce n'est qu'un pis-aller. J'ai toujours été
un passionné... (*Elle le regarde.*) Oui, ça a l'air bête de
vous dire ça comme ça... Jamais je ne le dis à personne,
parce que je n'aime pas faire de confidences. Ma vie a
été complètement loupée. J'ai été marié à une petite
femme quelconque, qui ne m'intéressait pas du tout, au
point de vue intellectuel, ni d'ailleurs à aucun autre point
de vue. Je l'ai laissée faire tout ce qu'elle voulait. Elle
en a profité, jusqu'au moment où nous nous sommes sé-
parés... Alors, qu'est-ce que vous voulez, c'est le renon-
cement...

MADAME COMMERCY

Vous êtes pourtant encore jeune?

LARCADIER

Je me sens plus jeune que jamais... Quand j'y pense...
Mais j'essaie de ne pas y penser... C'est curieux, que je
vous dise tout cela, ou plutôt ce n'est pas curieux, car
plusieurs fois j'aurais voulu vous le dire, et l'occasion ne
s'est pas présentée...

MADAME COMMERCY

Vous auriez voulu me le dire?

LARCADIER

Mais oui, c'est étrange et mystérieux! C'est à peine
si nous avons échangé quelques paroles... Je pensais bien
que vous ne feriez pas attention à moi, vous ne me connaissez pas en réalité, vous me méconnaissez... Vous ne
pouvez pas vous imaginer la joie que j'ai à vous parler
ainsi. Qu'est-ce que vous voulez? Je suis seul dans la
vie, n'est-ce pas? Je n'ai pas de soucis matériels, je n'ai
même pas cette distraction. Alors, je vais jouer... Oh! que
c'est bête de vous avoir dit tout ça!

MADAME COMMERCY

Pourquoi?

LARCADIER

Mais oui, c'est bête de vous avoir dit tout ça, parce
que j'étais tranquille... C'est une façon de parler... Je
menais une vie monotone, mais je ne pensais pas trop à
tout ce dont je suis privé... Je vais y penser, je le sens
bien... Ah! que la vie est mal faite... Vous êtes mariée à
ce Commercy qui ne vous comprend pas...

MADAME COMMERCY

Il a des qualités...

LARCADIER

Bien sûr, je ne vous dirai pas de mal de votre mari...
D'ailleurs, nous sommes fixés, vous aussi bien que moi,
sur l'intérêt qu'il peut présenter pour une femme comme
vous... Ah! que la vie est stupide... Tenez, je suis certain que, vous et moi, nous avons les mêmes goûts... Nous
n'avons pas besoin de nous le dire, ce sont des choses
qui se sentent... Votre mari, évidemment, il a l'air de s'intéresser à des choses... A la peinture, par exemple. Il
me disait qu'il avait acheté deux Utrillo. Il voulait me
les faire voir, je n'ai pas voulu, parce que ça m'embête
de parler d'art avec lui. Je sens que, lui, c'est par une
espèce de snobisme. Il ne peut pas du tout y avoir entre
lui et moi la même communion de pensée.

MADAME COMMERCY

Si ce n'est pour jouer au bridge.

LARCADIER

Oui, pour jouer au bridge, mais en dehors de ça...
Ah! madame Commercy, quelle funeste idée j'ai eue de
ne pas les accompagner au théâtre!

MADAME COMMERCY

Il est encore temps.

LARCADIER

Non, non... le mal est fait maintenant, non. Je vais rester près de vous. On n'a pas le droit, quand la vie est si mauvaise, quand on peut avoir une heure heureuse à passer, on n'a pas le droit d'y renoncer... (*Il lui prend la main, elle fait le geste de la retirer.*) Non, non... ne retirez pas votre main, voyons, je vous assure que c'est une bonne action que vous faites en me la laissant. C'est cette petite main-là qui me rattache à la vie en me faisant croire qu'il y a encore du bonheur en ce monde.

MADAME COMMERCY

Il faut pourtant que j'aille les rejoindre au théâtre.

LARCADIER

Eh bien! vous irez plus tard. Du moment que vous avez manqué le commencement, ça n'a aucune importance... Faites-moi voir vos deux petits Utrillo... Vous aimez Utrillo?... J'aimerais vous dire tout ce que je ressens devant la peinture. Je suis sûr que nous avons les mêmes sentiments... Et puis, je vous parlerai encore d'autre chose... De vous avoir dit tout ça, c'est comme une renaissance en moi! C'est comme un printemps nouveau qui entre dans mon âme... Il me semble que vous êtes l'amie dont je ne saurais me passer... Ce n'est pas un sentiment qui est venu subitement, vous savez... Ces sentiments-là couvent... Il y a deux ou trois signes avertisseurs... J'ai rêvé plusieurs fois de vous... J'ai rêvé à des choses... On n'est pas responsable de ses rêves... Des choses qui m'avaient enfiévré... Je vous assure que c'est une belle œuvre que vous faites. C'est un homme que vous sauvez d'une vie imbécile.

MADAME COMMERCY

Une vie imbécile à laquelle vous tenez...

LARCADIER

Qui me fait horreur maintenant. Je ne pense plus qu'aux heures, aux journées, que vous voudrez bien me donner, que vous ne me donnerez jamais assez... (*Silence.*) Venez me faire voir les deux petits Utrillo...

MADAME COMMERCY

Vous y tenez?... Je vais vous les montrer...
    (*Elle se dirige vers la porte. A ce moment, sonnerie du téléphone.*)

LARCADIER, *agacé*

Ah!...

MADAME COMMERCY

Qu'est-ce que c'est? (*Elle se dirige vers le téléphone.*) Allô, allô!... Monsieur Larcadier, c'est vous qu'on demande...

LARCADIER

Ah! oui, je sais ce que c'est... des embêteurs... Oh! vous pouvez rester...

MADAME COMMERCY

Non... non... Téléphonez...
    (*Elle sort.*)

LARCADIER

Je vous rejoins... (*Au téléphone.*) C'est vous, Crombez?... Qu'est-ce que vous dites? Que votre frère vient?... Eh bien! maintenant, c'est moi qui ne suis plus libre... Oh! vous trouverez toujours bien un quatrième pour la partie... Non, non... je ne peux pas venir. Absolument impossible... Je suis engagé ailleurs... Enfin pas avant une heure ou deux...

RIDEAU

Antoinette

ou

Le Retour du Marquis

Saynète en un acte

*Jouée au théâtre du Casino d'Enghien,
en représentation exceptionnelle,
et reprise au Théâtre des Mathurins*

PERSONNAGES :

LE MONSIEUR DE L'ORCHESTRE
LE RÉGISSEUR
LE VICOMTE DE BRAISY
LE MARQUIS
UN 2ᵉ MONSIEUR
UNE DAME DU BALCON
MLLE STEPHENSON
MLLE KRONSKA

Antoinette
ou le Retour du Marquis

SCÈNE PREMIÈRE

LE RÉGISSEUR, *accourant*

Mesdames et Messieurs, nous allons terminer la représentation par le « Retour du Marquis », pièce nouvelle en un acte, qui sera interprétée par Monsieur Saint-Georges, Monsieur Rebenval et Mademoiselle Stephenson.

UNE DAME AU BALCON

Plaît-il?

LE RÉGISSEUR

Monsieur Saint-Georges, Monsieur Rebenval et Mademoiselle Stephenson.

LA DAME

Et Mademoiselle Kronska... Qu'est-ce qu'on en fait?

LE RÉGISSEUR

Et Mademoiselle Kronska... J'oubliais...

LA DAME

Naturellement, Mademoiselle Kronska, ça n'est rien. Ça ne compte pas. Quand une jeune artiste accepte dans une pièce un petit rôle indigne de son talent, personne ne lui en sait gré. C'est dans l'ordre des choses. Il faut s'attendre à ça. Allons! Allons! nous sommes de bonnes bêtes! Mais on ne nous y reprendra plus. A l'avenir, nous saurons ce que nous aurons à faire. (*Sort le régisseur. Au public.*) C'est vrai ça. C'est toujours la même chose, ça ne sert à rien d'être aimable pour les gens. On demande ma fille pour ce bénéfice. Elle accepte gentiment. Et on lui donne un rôle, vous allez voir ce rôle... Je crois qu'elle y sera bien, parce qu'une artiste de tempérament est bien partout... Et à côté de ça, vous verrez le rôle qu'on a donné... à une autre personne... oui, évidemment... C'est aussi dans l'ordre des choses... Les personnes qui veulent avoir des faveurs n'ont qu'à s'occuper pour ça... et aller voir l'un et l'autre... Si ma fille s'était dérangée, elle aurait eu aussi bien l'autre rôle de la pièce... mais ma fille mène une vie très régulière, très discrète... nous ne demandons qu'une chose, c'est qu'on ne fasse pas attention à nous... et que personne ne connaisse notre vie... Ma fille a pour ami un digne monsieur...

UN MONSIEUR A L'ORCHESTRE

Voulez-vous vous taire, Madame?

LA DAME

Oui, je me tais, Monsieur Graboin.

LE MONSIEUR

Mais Madame, vous ne me connaissez pas?

LA DAME, acquiesçant

C'est juste, Monsieur, je ne vous connais pas. (*Au public.*) Il y a des circonstances dans la vie où l'on est obligé à une grande discrétion. Un monsieur a beau avoir sa femme en province, dans une ville manufacturière du Nord de la France, il a toujours des relations à Paris, on peut le rencontrer...

LE MONSIEUR

Voulez-vous vous taire, Madame?

LA DAME

Mais ce que je dis, Monsieur, n'a aucune importance... Enfin, Monsieur, si vous préférez que je me taise, je me tais... Je n'ai rien à vous refuser. (*Vivement.*) Bien que je ne vous connaisse pas... Mais vous savez ce que c'est que l'émotion, Monsieur Grabo... Monsieur Henri.. (*Nettement.*) Monsieur... mais, n'est-ce pas, je connais ma fille depuis vingt-deux ans, il est bien naturel que j'aie plus d'émotion que vous... qui... qui ne la connaissez pas... (*On entend un timbre. Avec émotion.*) La sonnette de l'entr'acte... Ah! la la la la la! ça va commencer... (*Au public.*) Elle n'a joué qu'une fois... vous pensez l'émotion qu'elle peut avoir.. Elle a joué une petite pièce au théâtre Moncey. Et elle a même eu un accident. Elle a manqué son entrée, elle est arrivée en retard... Et il y a même des personnes... (*Elle montre le Monsieur de l'orchestre du doigt en clignant de l'œil.*) qui ont prétendu toutes sortes de choses; qu'elle s'était fait embrasser dans les coulisses par un ami.

LE MONSIEUR

C'était vrai.

LA DAME

Non, Monsieur, ce n'était pas. D'ailleurs, cette fois-ci,

nous sommes tranquilles... Le jeune homme en question
est en train de faire une période à Montpellier...

LE MONSIEUR

Il n'y a pas que lui...

LA DAME

Je vous demande pardon, Monsieur... Il n'y a que
lui... (*Seconde sonnerie.*) On va commencer... Ah! que
je suis émue... Elle récite très bien des morceaux de
classiques, des imprécations ce qui s'appelle, et même
des songes que son professeur lui fait apprendre... Et,
dans le comique, elle fait très bien les scènes du rire...
Elle n'a pas l'occasion de rire aujourd'hui dans sa pièce.
Mais je crois qu'elle rira tout de même une fois pour
vous montrer. Ah! que je suis émue... (*On frappe les
trois coups.*) Ah! le rideau!

> (*Le rideau se lève sur un intérieur. Entre
> Mlle Stephenson, la Marquise. Elle cherche
> dans des papiers sur une table.*)

LA DAME

Ce n'est pas elle, c'est Mademoiselle St..., c'est l'autre
enfin... (*La Marquise va à la cheminée et presse sur un
bouton.*) Elle la sonne... elle sonne ma fille... Et ma
fille, il n'y a pas à dire, a toujours eu une éducation
supérieure... Il n'y a aucune comparaison entre les deux
jeunes femmes...

UN DEUXIÈME MONSIEUR

Voulez-vous vous taire, Madame?

LA DAME, *le regardant*

Ah! oui, il ne faut pas dire de mal de cette jeune femme devant vous...

LE DEUXIÈME MONSIEUR

C'est insupportable!

(*Mlle Stephenson regarde du côté du balcon.*)

LA DAME

Non, Mademoiselle, continuez. Ce n'est pas à vous que je parle. Ce n'est rien...

MADEMOISELLE STEPHENSON

C'est curieux que cette lettre ne soit pas arrivée... C'est inexplicable... Enfin, la femme de chambre saura peut-être...

(*Entre Mlle Kronska.*)

LA DAME

Cette fois, la voilà!

MADEMOISELLE STEPHENSON

C'est vous, Antoinette, qui avez apporté le courrier ce matin?

MADEMOISELLE KRONSKA

Oui, Madame la Marquise, j'ai tout mis sur cette table.

LA DAME, *applaudissant*

Brava! Brava!

DES VOIX

Chut! chut!

LA DAME

Ce n'est pas parce que c'est ma fille, j'applaudirais
l'autre aussi bien.

MADEMOISELLE STEPHENSON, *à elle-même*

Comment se fait-il qu'il n'ait pas écrit? Il m'avait
pourtant promis... Et voici que je ne trouve rien... Ah!
quelle tristesse! Moi, la marquise de Chéracé, me tour-
menter pour cela! Et je me tourmente, il n'y a pas à
dire! Ah! de quelle étrange faiblesse sommes-nous donc,
pauvres femmes! Et comme nous descendons vite de ce
piedestal de dédain où notre orgueil nous avait placées!

(*Applaudissements du deuxième Monsieur.*)

LA DAME, *le regardant*

On les connaît, ces applaudissements-là!

LE DEUXIÈME MONSIEUR

Madame, une dernière fois, je vous prie de vous taire.

LA DAME

Oui, Monsieur, vous le prenez de haut avec moi, parce
que je suis une femme. Mais si vous voulez parler à quelqu'un, il y a un Monsieur à l'orchestre qui pourra vous
répondre.

LE PREMIER MONSIEUR

Voulez-vous vous taire, Madame? Je ne vous ai char-
gée de commission pour personne.

DEUXIÈME MONSIEUR

Ni moi non plus.

PREMIER MONSIEUR

Je ne suis pas venu ici pour chercher querelle aux gens.

LA DAME

Ici peut-être, mais deux hommes peuvent se retrouver dans la vie.

LE PREMIER MONSIEUR

Voulez-vous vous taire, Madame?

DEUXIÈME MONSIEUR

Laissez-nous écouter.

MADEMOISELLE STEPHENSON, *à Mlle Kronska*

Vous allez faire porter ceci sans retard, chez le vicomte de Braisy. (*Elle va au secrétaire et se met à écrire. Mlle Kronska, à l'avant-scène, regarde avidement dans l'orchestre.*)

LA DAME

Au sixième rang d'orchestre, à gauche.

LE MONSIEUR

Voulez-vous vous taire, Madame?

LA DAME

Mais, Monsieur, ce n'est pas forcément de vous que je parle. Il n'y a pas que vous dans le sixième rang.

MADEMOISELLE KRONSKA

Veux-tu te taire, Maman? (*Mlle Stephenson se retourne et la regarde.*) Non, ne faites pas attention. Ce n'est pas dans la pièce... C'est à Maman!

MADEMOISELLE STEPHENSON, *lui tendant une lettre*

Faites porter cette pièce au vicomte de Braisy. Mais qui vient là? (*Entre M. Saint-Georges, le vicomte de Braisy. A part.*) C'est lui... Ah! quel bonheur... Tout mon ressentiment s'en va. (*Haut.*) Vous avez bien tardé, cher Comte. Antoinette, laissez-nous.

(*Antoinette sort en riant. Mlle Stephenson et Saint-Georges la regardent avec étonnement.*)

LA DAME

C'est moi qui lui ai dit de rire à ce moment-là, pour montrer comme elle riait bien... L'auteur de la pièce, en bas, dans la baignoire, n'est pas content...

VOIX

Chut! Chut!

LA DAME

Allons! je vous laisse écouter... Mais la scène d'amour n'est pas très intéressante. Au moment où il la prend dans ses bras, Antoinette, la bonne, ma fille, arrive, en criant : Voilà le mari! Il sera temps.

UN MONSIEUR

Je vous en prie, Madame, laissez-nous écouter la pièce... Nous n'avons pas besoin de vous pour nous l'expliquer.

SAINT-GEORGES, à *Mlle Stephenson*

Ah! chère amie, le voici enfin ce moment qui nous réunit l'un à l'autre. Votre mari vient de prendre le train à la gare d'Orléans. Nous sommes libres.

MADEMOISELLE STEPHENSON

Octave, épargnez-moi, de grâce, vous voyez mon trouble.

SAINT-GEORGES

Ah! que je suis plus troublé que vous! il m'est impossible de différer davantage l'heureux moment! (*Il la prend dans ses bras. Silence embarrassé.*)

LA DAME

Eh bien, Antoinette?

LE MONSIEUR, *de l'orchestre*

C'est déplorable! Elle manque encore son entrée.

LA DAME

Ce n'est rien, ce n'est rien. Je vous dis qu'il fait ses vingt-huit jours à Montpellier... Mais pourquoi n'est-elle pas là? (*Saint-Georges et Mlle Stephenson qui se tiennent toujours embrassés, donnent des signes d'impatience.*) Où est-elle passée, cette Antoinette? Ils ne savent plus que faire, les amoureux. Ils s'attendaient à être surpris et ils ne le sont pas... Ah! la voici. (*Arrive Antoinette, très troublée, toute rouge et décoiffée.*)

LE MONSIEUR

C'est déplorable! Elle est décoiffée.

MADEMOISELLE KRONSKA, *très vivement*

Ce n'est rien, je vous expliquerai.

MADEMOISELLE STEPHENSON, *que Saint-Georges tient
toujours embrassée*

Eh bien, nous attendons!

MADEMOISELLE KRONSKA, *rapidement,
mais d'un ton calme*

Voilà Monsieur qui revient.

MADEMOISELLE STEPHENSON, *d'un ton très exalté*

Mon mari! Ah! mon Dieu! Octave! Vous allez fuir!

SAINT-GEORGES

Fuir! Y pensez-vous?

MADEMOISELLE STEPHENSON

Fuyez pour me sauver.

MADEMOISELLE KRONSKA, *à l'avant-scène,
s'adressant au monsieur de l'orchestre*

Je vous expliquerai.

MADEMOISELLE STEPHENSON, *à demi-voix,
à Mlle Kronska*

Eh bien?

MADEMOISELLE KRONSKA

Ah! oui! (*Rapidement.*) Que Monsieur passe par la

porte du salon. Il y a deux portes sur le palier. Monsieur ne le rencontrera pas. (*Elle ouvre la porte de droite, y fait passer Saint-Georges. Elle sort également. Mlle Stephenson tombe accablée sur un fauteuil. Entre le Marquis.*)

LE MARQUIS, *sur le seuil de la porte*

A nous deux, Madame! (*Il vient lentement jusqu'à Mlle Stephenson.*) Vous m'avez gravement outragé dans mon honneur... Un homme était ici. Il vient de fuir, je le sais. Ma conduite dépendra de notre explication... Si cet homme n'a pas été votre amant, nous divorcerons, voilà tout... Mais si vous vous êtes oubliée jusqu'à me déshonorer, je vous tuerai, Madame!

MADEMOISELLE STEPHENSON

Je ne suis pas coupable.

LE MARQUIS

Je m'attendais à cette réponse. Mais avez-vous réfléchi qu'il me faut une preuve de votre innocence?

LA DAME

Cette preuve, c'est ma fille qui va l'apporter tout à l'heure par la porte du fond. C'est ma fille qui va sauver la marquise!

UNE VOIX

Taisez-vous! Laissez-nous écouter... la situation est palpitante!...

MADEMOISELLE STEPHENSON

Mais, Monsieur, quelle preuve vous puis-je donner?

LE MARQUIS

Vous allez mourir, Madame!
          (*Il tire un revolver de sa poche.*)

MADEMOISELLE STEPHENSON, *dignement*

Tuez-moi donc!

LE MARQUIS, *égaré*

Ah! je ne peux vivre dans le doute, je vais te tuer.
(*Il braque le revolver sur elle. Silence.*) Hé bien?

LA DAME, *appelant*

Antoinette!

LE MONSIEUR

Elle rate encore son entrée.

LE MARQUIS, *répétant avec plus de force*

Je vais te tuer! (*Silence.*)

LE MONSIEUR

C'est déplorable!

LA DAME

Je vous dis qu'il est à Montpellier.

LE MONSIEUR

Alors, c'est un autre!

LE MARQUIS, *à tue-tête*

Je vais te tuer!

MADEMOISELLE STEPHENSON

Ah!... mais c'est énervant à la fin! Je ne peux pas
jouer dans ces conditions-là. (*Reprenant le ton de la comédie.*) Attendez un peu, Monsieur le Marquis. Je crois
qu'on va apporter la preuve de mon innocence. Elle devrait déjà être ici.

LA DAME

Antoinette!

> (*Mademoiselle Stephenson va à la porte du fond
> qu'elle pousse. On aperçoit Mlle Kronska
> dans les bras du pompier.*)

LE PREMIER MONSIEUR

Un pompier! C'est trop fort! (*Il se lève et va pour
sortir.*)

LA DAME

Ne vous fâchez pas, monsieur. Je vais vous expliquer...
(*Elle se lève pour sortir.*)

LE PREMIER MONSIEUR

Ceci dépasse les bornes.

LA DAME

Ce pompier est un ami de la famille : un frère de
lait.

> (*Ils sortent.*)

LE DEUXIÈME MONSIEUR, *avec irritation*

Mademoiselle Stephenson, c'est bien simple, je vous

défends de continuer à jouer dans des conditions pareilles. C'est inadmissible de se commettre avec des gens de cette espèce...

MADEMOISELLE STEPHENSON

Soyez tranquille, je ne continue pas...

LE MARQUIS

Ni moi non plus...

ANTOINETTE, à *Mademoiselle Stephenson*

Madame la Marquise, voici la lettre !...

MADEMOISELLE STEPHENSON

Je ne joue plus... (*Elle sort.*)

ANTOINETTE, *au Marquis*

Monsieur le Marquis, voici une lettre.

LE MARQUIS

Je ne joue plus... (*Il retire sa barbe.*)

ANTOINETTE

Cette lettre qui m'a été remise par le duc contient les preuves complètes de l'innocence de ma maîtresse.

LE MARQUIS

Je m'en fous. (*Il sort.*)

LE RÉGISSEUR, *entrant*

Je vous demande pardon, mesdames et messieurs, de ces petits accrocs...

LA DAME, *apparaissant au fond avec le premier monsieur*

Je vais jouer le rôle, je le sais. Monsieur jouera le marquis, qu'il sait aussi... Comme ça, la représentation pourra continuer. (*Prenant une pose théâtrale*) Marquis, c'est une scène indigne. Je vais retourner chez ma mère. Elle est jeune encore. (*Le poussant du coude.*) A vous.

LE PREMIER MONSIEUR, *cherchant ses mots*

Heu! Heu! Oui... Madame, pardonnez-moi. Je vous ai soupçonnée injustement. Toute une vie d'expiation... (*La poussant du coude.*) A vous.

LA DAME, *cherchant ses mots*

Heu! Heu!

LE RÉGISSEUR

Non, ce n'est pas possible. (*A la cantonade.*) Baissez le rideau! Baissez le rideau! Eh bien, l'homme du rideau, qu'est-ce qu'il fait? (*Avec accablement.*) Il embrassait Antoinette.

> (*Le rideau tombe pendant que la dame et le monsieur parlent avec animation.*)

TABLE

ACHEVÉ D'IMPRIMER
LE 20 SEPTEMBRE 1930
PAR LES
ÉTABLISSEMENTS BUSSON
117, RUE DES POISSONNIERS
PARIS

ALBIN MICHEL, Éditeur, 22, Rue Huyghens, PARIS

Vol.

ARNOUX (Alexandre)

Abisag (*Prix de la Renaissance 1920*) 1
Didier Flaboche 1

BARBUSSE (Henri)

Lauréat du Prix Goncourt 1916

L'Enfer 1

BENOIT (Pierre)

L'Atlantide (*Grand Prix du Roman 1919*) 1
Pour Don Carlos 1
Les Suppliantes (poèmes) 1
Le Lac Salé 1
La Chaussée des Géants 1
Mademoiselle de la Ferté 1
La Châtelaine du Liban 1
Le Puits de Jacob 1
Alberte 1
Le Roi Lépreux 1
Axelle 1
Erromango 1

BÉRAUD (Henri)

Le Vitriol de Lune (*Prix Goncourt 1922*) 1
Le Martyre de l'Obèse 1
Lazare 1
Au Capucin Gourmand 1

BERNARD (Tristan)

Le Voyage Imprévu 1
Le Roman d'un Mois d'Été 1
Mathilde et ses mitaines 1

BERTON (René)

Le Roi du Cuir 1

BERTRAND (Louis)

de l'Académie Française

Cardenio, l'homme aux rubans couleur de feu 1
Pépète et Balthazar 1
Le Sang des Races 1
Le Rival de Don Juan 1
La Cina 1
Gustave Flaubert 1
Pages choisies, par Pierre MOREAU 1

BILLOTEY (Pierre)

Un Cœur Ardent 1
La Fausse Amoureuse 1
Le Trèfle à quatre feuilles 1
Le Miroir aux Alouettes 1
Rien que la Chair 1
L'Indochine en zigzags 1

BOUCHARDON (Pierre)

Le Mystère du Château de Chamblas 1
L'Affaire Lafarge 1
L'Auberge de Peyrebeille, suivi de la véridique histoire du roman de Stendhal : Le Rouge et le Noir 1

Vol.

Le Crime du Château de Bitremont 1
L'Énigme du Cimetière de Saint-Aubin (Procès du Frère Léotade) 1
Le Duel du Chemin de la Favorite 1
Célestine Doudet, institutrice 1
Les Dames de Jenfosse 1

BOYLESVE (René)

de l'Académie Française

Tu n'es plus rien 1

BRULAT (Paul)

Rina 1
La Vie de Rirette 1
La Gangue 1
L'Aventure de Cabassou 1

CAILLAVET, DE FLERS et REY (Étienne)

La Belle Aventure 1

CARCO (Francis)

L'Homme traqué (*Grand Prix du Roman 1922*) 1
Bob et Bobette s'amusent 1
Verotchka l'Étrangère 1
Rien qu'une Femme 1
L'Équipe 1
De Montmartre au Quartier latin 1
Les Innocents 1
L'Amour vénal 1
Rue Pigalle 1
Printemps d'Espagne 1

CATULLE-MENDÈS (Jane)

Ton Amour n'est pas à toi 1

CHADOURNE (Louis)

Terre de Chanaan (*Prix Pierre Corrard 1921*) 1
Le Pot au Noir 1
L'Inquiète Adolescence 1

COLETTE

L'Ingénue libertine 1
La Vagabonde 1
Claudine à l'École (*Illustrations*) 1
Claudine à Paris (*Illustrations*) 1
Claudine s'en va (*Illustrations*) 1

CORTHIS (André)

Pour moi seule (*Grand Prix du Roman 1920*) 1
L'Entraîneuse 1
La Belle et la Bête 1

COULEVAIN (Pierre DE)

Noblesse américaine 1

CURNONSKY et J.-W. BIENSTOCK

Le Café du Commerce 1
Le Musée des Erreurs, tome I 1
Le Musée des Erreurs, tome II 1
L'Année joviale 1

Catalogue franco sur demande

ÉTABLISSEMENTS BUSSON, IMPRIMEURS, 117, r. des Poissonniers, PARIS (18e)